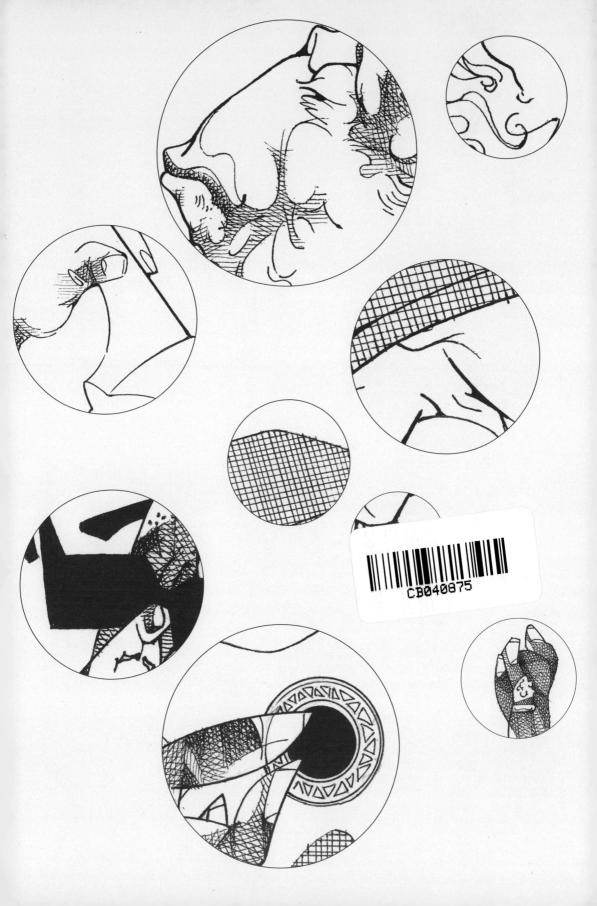

SERVIÇO SOCIAL DO COMÉRCIO
Administração Regional no Estado de São Paulo

Presidente do Conselho Regional
Abram Szajman
Diretor Regional
Luiz Deoclecio Massaro Galina

Conselho Editorial
Carla Bertucci Barbieri
Jackson Andrade de Matos
Marta Raquel Colabone
Ricardo Gentil
Rosana Paulo da Cunha

Edições Sesc São Paulo
Gerente Iã Paulo Ribeiro
Gerente Adjunto Francis Manzoni
Editorial Jefferson Alves de Lima
Assistente: Rafael Fernandes Cação
Produção Gráfica Fabio Pinotti
Assistente: Ricardo Kawazu

Nelson CAVAQUINHO & CARTOLA & Carlos CACHAÇA
Caminho da existência

Eliete Eça Negreiros

© Eliete Eça Negreiros, 2025
© Edições Sesc São Paulo, 2025
Todos os direitos reservados

preparação Tulio Kawata
revisão Sílvia Balderama Nara, Maiara Gouveia
projeto gráfico e diagramação Werner Schulz
ilustrações Loredano

Dados Internacionais de Catalogação na Publicação (CIP)

N3317	Negreiros, Eliete Eça
	Nelson Cavaquinho & Cartola & Carlos Cachaça: caminho da existência / Eliete Eça Negreiros. – São Paulo: Edições Sesc São Paulo, 2025. – 212 p. il.
	Discografia Bibliografia ISBN 978-85-9493-324-9
	1. Música brasileira. 2. Música Popular Brasileira. 3. Canção popular brasileira. 4. Samba. 5. Mangueira. 6. Poesia. 7. Filosofia. I. Título. II. Cavaquinho, Nelson. III. Cartola. IV. Angenor de Oliveira. V. Cachaça, Carlos. VI. Caminho da existência.

CDD 780.981

Elaborada por Maria Delcina Feitosa CRB/8-6187

Edições Sesc São Paulo
Rua Serra da Bocaina, 570 – 11º andar
03174-000 – São Paulo SP Brasil
Tel. 55 11 2607-9400
edicoes@sescsp.org.br
sescsp.org.br/edicoes
[f] [X] [@] [▶] /edicoessescsp

A Danilo Santos de Miranda,
a Maria Luiza Kfouri
e a João Carlos Botezelli, o Pelão.

In memoriam

AGRADECIMENTOS

Estevão Eça Negreiros
Paula Negreiros Abbud Mellilo
Cristiane Negreiros Abbud Ayub
Euthymia de Almeida Prado
Rumos Itaú Cultural 2019-2020

*Este trabalho foi
inspirado pela canção
"Caminho da existência",
de Carlos Cachaça.*

SUMÁRIO

APRESENTAÇÃO **O canto da razão**
Luiz Deoclecio Massaro Galina   11
PREFÁCIO **A filosofia sobe o morro**
Claudio Leal   13

INTRODUÇÃO   19

**O samba de Nelson Cavaquinho:
amor, sofrimento e morte**   24

Nelson Cavaquinho, coração de sambista   26
Os sambas
    As flores do mal   34
    "Luz negra"   40
    "Rugas", "Degraus da vida", "Folhas secas",
       "Pranto de poeta"...   45
    "Duas horas da manhã"   63
    "Juízo Final"   65
    Meu coração, amigo dos aflitos   68
Nelson, 1973: Pelão, Tinhorão e Tárik de Souza   72
Parcerias: Guilherme de Brito, Paulinho da Viola,
    Paulo César Pinheiro e Eduardo Gudin   75
Nelson Cavaquinho e a condição humana   83
Samba e cinema novo: Nelson Cavaquinho
    por Leon Hirszman   87
Discografia   102

Cartola: samba, delicadeza e amor 104

Cartola, o humano 106
Os lindos sambas de Cartola
   "O sol nascerá" 124
   Cartola, primeiro LP, 1974 126
   Cartola, segundo LP, 1976 133
   Verde que te quero rosa (1977) 143
   Cartola 70 anos: "O inverno do meu tempo" 152
Cartola: música para os olhos 156
Discografia 169

Os sambas de Carlos Cachaça: o caminho da existência 172

Não me deixaste ir ao samba: pequeno
   perfil de Carlos Cachaça 174
Os sambas
   "Caminho da existência" 181
   Os sambas do primeiro e único LP de Carlos Cachaça 184
   As parcerias com Cartola 188
Os sambas de enredo 192
Os poemas 196
Discografia 200

CONCLUSÃO 201

REFERÊNCIAS 205
SOBRE A AUTORA 211

APRESENTAÇÃO

O canto da razão

Constituído a partir de tradições africanas do Recôncavo Baiano, foi no Rio de Janeiro, no início do século XX, que o samba se moldou da forma como é predominantemente reconhecido. Forjado nos terreiros das "tias" – matriarcas que aglutinavam ao seu redor pessoas negras organizadas por laços de solidariedade e religiosidade –, o gênero se desenvolveu como uma das mais notórias expressões de um universo sociocultural. Nesse contexto comunitário foi criada a Estação Primeira de Mangueira, escola de samba que reuniu dentre seus precursores aqueles que seriam relevantes expoentes da música brasileira: Carlos Cachaça, Cartola e Nelson Cavaquinho.

Os músicos têm em comum, além da agremiação e das trajetórias que deflagram os resquícios da escravização da população africana e negra no Brasil – sobretudo no sequente período pós-abolição –, produções artísticas singulares, cada qual a sua maneira. São essas características que Eliete Eça Negreiros aborda neste presente ensaio, analisando as canções dos compositores ante reflexões filosóficas e artísticas.

A autora, que concilia sua carreira de cantora com a de pesquisadora musical, esmiúça os temas presentes nas composições dos mangueirenses – artistas profundamente identificados com o território carioca e, simultaneamente, pensadores das grandes questões humanas. Negreiros apresenta, assim, elementos em suas obras estabelecendo conexões que vão do estoicismo grego à literatura francesa e ao Cinema Novo, demonstrando a abrangência dos fundamentos dos sambistas.

Amor, morte e o sentido da existência são algumas das principais temáticas que, além de ilustrarem poeticamente as canções, elaboram uma cosmovisão de vida fundamentada nas experiências de seus autores. Ao destacar a produção de conhecimento imanente às músicas de Carlos Cachaça, Cartola e Nelson Cavaquinho, Eliete Eça Negreiros colabora com a valorização da sabedoria cotidiana e não acadêmica. E, assim, explicita um dos legados menos propalados do samba para a cultura brasileira: difundir, em forma de arte, a diversidade de contribuições sociofilosóficas geradas em contextos populares.

Luiz Deoclecio Massaro Galina
Diretor do Sesc São Paulo

PREFÁCIO

A filosofia sobe o morro

O ensaísmo de Eliete Eça Negreiros floresce no país em que compositores populares citam Pascal ("o coração tem razões que a própria razão desconhece", em "Aos pés da cruz", de Marino Pinto e Zé Gonçalves), afirmam que "a filosofia hoje me auxilia a viver indiferente assim" ("Filosofia", de Noel Rosa e André Filho) e também pedem "basta de filosofia" ("Ele me deu um beijo na boca", de Caetano Veloso). O impulso ensaístico de vertentes modernas da canção brasileira, com citações a autores e ideias e questionamentos das convenções sociais, sem dúvida fecunda o projeto de Eliete de pensar o mundo a partir de meditações inoculadas na música de massa. Ela atenta, porém, para a renovação e a virtuosidade poética fora dos movimentos de vanguarda. O livro *Nelson Cavaquinho & Cartola & Carlos Cachaça: caminho da existência* reconhece as reflexões da condição humana entranhadas na tradição do samba, em cujo seio brotam imagens com lastro na arte poética e temas filosóficos de longa história, como o transitório, a vacuidade, o desejo do absoluto, o mito do amor romântico, a mortalidade, o luto, o perdão, a velhice. Eliete percorre esses caminhos com tranquila erudição, indo dos filósofos da Grécia aos estoicos da Mangueira, e mobiliza um repertório musical condensado em três sambistas: Nelson, Cartola e Carlos Cachaça.

O morro da Mangueira imantou esses três expoentes do samba. De início, um espanto recorrente em estudos da música popular brasileira não deixa de comparecer aos ensaios de Eliete coligidos neste volume. Temos um abalo na relação de causalidade entre estudos formais e sofisticação cultural. O letramento parco e misterioso desses três compositores, além de confirmar o vaticínio de que samba não se aprende no colégio, revela a vivência como matriz do pensamento de homens cultos de si mesmos, possuídos por invenções melódicas incomuns, forjados nos *caminhos da existência*. Nelson Cavaquinho abandonou a escola no terceiro ano primário e ingressou na cavalaria da Polícia Militar. Cartola estacionou no quarto ano primário. Carlos Cachaça foi mais longe que os dois primeiros e cursou o ensino médio na Escola de Humanidades, mas logo se evadiu para trabalhar na Central do Brasil. A primazia da experiência, o desregramento social e a observação do cotidiano são degraus do alumbramento dos sambistas, e aqui a ensaísta recorre a uma epifania de Manuel Bandeira, um poeta fascinado, aliás, pelas imagens surpreendentes de sambas descidos dos morros cariocas, admirador confesso do verso "um beijo puro na catedral do amor" entoado por Sinhô, do qual se fez célebre cronista do velório e enterro. No comentário ao samba "Corra e olhe o céu", de Cartola e Dalmo Castello, Eliete realiza um diálogo crítico dos letristas com o cotidiano recriado por Bandeira, homem de límpida observação da transcendência da vida comum:

> Melodicamente, esse samba é em tonalidade maior, uma primeira parte que se repete com pequenas alterações no final e, em seguida, vem o refrão, o chamado para o sol, o céu, o infinito. Se observarmos as frases melódicas, quando surge a palavra *alegria* e a chamada para olhar o céu, a melodia vai para a região mais alta, mais aguda. Podemos notar que o movimento melódico realça o texto poético: a chamada para que a amada olhe para o céu, para o infinito corresponde a um movimento ascensional da melodia e, como diria Davi Arrigucci analisando a poética de Manuel Bandeira, a presença do sublime no cotidiano.

Nas exegeses de canções, Eliete Negreiros estabelece as correspondências entre letra e melodia em busca de uma enunciação poética total, que enlaça todos os aspectos formais envolvidos na construção dos versos. Diante de "Acontece", de Cartola, ela realizou um belo recuo. "O samba-canção tem uma melodia lindíssima, e o segredo dessa beleza é enigma e pertence ao poeta. Não me atrevo a querer explicar", reconheceu. Mas, sim, arriscou um passo a mais para entender a trama desse segredo. "Em sua estrutura, ele é composto de apenas uma parte, que se repete, com algumas brilhantes modificações. Da primeira vez, no final há uma modulação inesperada, original mas que soa natural. Depois ele modula para dó maior e depois volta para mi maior. Na segunda vez, no verso 'Se eu ainda pudesse fingir que te amo', há uma coloração harmônica com a passagem do acorde de lá maior para o de lá menor. Fica lindo!". Esse trecho sintetiza seu jogo de forma e conteúdo entrelaçados. De notável, ainda, a amorosidade. O amor à música é o elã da intérprete, que transmite ao leitor o compasso de suas emoções.

Nas análises dos sambas de Nelson Cavaquinho, Cartola e Carlos Cachaça, fica evidenciado o método de municiar o debate filosófico com informações biográficas, em uma revisão da discografia e da fortuna crítica dos músicos, abrangendo artigos, ensaios, livros e filmes. Assim interdisciplinar, Eliete Negreiros repassa os documentários *Nelson Cavaquinho* (1969), de Leon Hirszman, e *Cartola: música para os olhos* (2007), de Lírio Ferreira e Hilton Lacerda, em sintonia com o diálogo entre música popular e cinema no Brasil, e vai aos poemas de "Um tributo a Carlos Moreira da Silva (Carlos Cachaça)" (1989), organizado por Marília Trindade Barboza, expondo a dualidade de um letrista que também cria versos para livros, assim como Orestes Barbosa e Vinicius de Moraes.

Eliete Negreiros vem ocupando um lugar ímpar na crítica musical. Seus textos saem da cabeça de uma cantora-ensaísta, que provou a vanguarda em seus trabalhos discográficos, mas antes precisou revirar a tradição. Essa pesquisa de repertório reverbera em sua obra crítica. O segundo impacto de sua formação veio com o mestrado e o doutorado em filosofia na Universidade de São Paulo (USP). Seus livros originários da dissertação de mestrado, *Ensaiando a canção: Paulinho da Viola e outros escritos* (2011), e o da tese de doutorado, *Paulinho da Viola e o elogio do amor* (2016), antecipam abordagens analíticas deste livro de ensaios sobre os três mestres da Mangueira. Refiro-me ao recurso de embrenhar-se em canções populares para extrair de suas imagens e obsessões os temas esquadrinhados por filósofos de diferentes períodos históricos, dos helênicos aos moralistas franceses, enfatizando a relação do sujeito com o mundo. Poesia e filosofia, como demonstrou Heiddeger na leitura dos poemas de Friedrich Hölderlin, permitem caminhos cruzados. O diálogo teórico da filosofia com as artes parece mais bem desenvolvido, no Brasil, nos estudos de artes plásticas, teatro, poesia, literatura e música erudita. No campo da canção popular, Eliete tem realizado, portanto, análises originais. Se absorve Platão, Aristóteles, Sêneca, Epicuro, Freud ou Simone de Beauvoir, ela desenha uma obra crítica que traz boa conversa com a estrutura dos ensaios de Montaigne, seu mestre maior na liberdade de contemplação dos fenômenos, investigação da transcendência e na arte de palavra puxa palavra, favorecendo as delícias da linguagem.

No campo da crítica brasileira, Eliete assumiu como referência teórica o ensaio "*Theatrum Mundi*: filosofia e canção", de Olgária Matos, e construiu um percurso pessoal em que tanto os filósofos contribuem para a explicação crítica de canções como estas criam pontes para ideias abstratas sobre a vida e a morte. "A canção e a filosofia tecem um fio único, que nos conduz ao labirinto do mundo externo e interno, na busca da compreensão do sentido de tudo. Poesia e canção são modos de interrogar o homem e o mundo, uma espécie de gaia ciência. O mundo e o poeta se apresentam como enigma para um sujeito que busca decifrá-lo e, através da reflexão, construir um sentido. Que Ariadne nos guie nesta busca", escreve Eliete, interessada na diluição do eu no pensamento sobre o mundo. "Canções meditativas fazem parte da trilha sonora de nossas vidas", lembra a autora, citando momentos elevados da música popular: "'As coisas estão no mundo, só que eu preciso aprender', canta Paulinho da Viola; 'Meu mundo é hoje', José e Wilson Baptista; 'O mundo é um moinho', canta Cartola; 'O mundo, esse grande espelho', canta Lupicínio Rodrigues; 'Meu mundo caiu', Maysa; 'Meu coração vagabundo quer guardar o mundo em mim', canta Caetano".

De fortuna crítica menor que a de Cartola e Nelson Cavaquinho, Carlos Cachaça é o autor da obra inspiradora do título do livro, "Caminho da existência", *existencialista com toda a razão*. "Desde o início do samba, o descompasso entre o desejo do sujeito e o movimento do mundo gera no poeta caminhante um sentimento de desalento, de impotência do eu: o tempo é irrefreável, inexorável e segue seu ritmo, independentemente do desejo do poeta, a quem só caberá se resignar. É desse conflito do desejo do sujeito com o ritmo do tempo que nasce esse samba". A atitude de ouvir as canções enquanto se lê o livro me parece recomendável. Frestas, nuances e mensagens dos sambas discutidos (o arco é amplo) são revelados ou ganham densidade superior à de nossa audição cotidiana e distraída. Em sentido inverso, tudo ressoa como um convite à filosofia, sob o reconhecimento de que a canção, transitória como a vida, pode reter conflitos eternos do humano. Em "Acontece", a mutabilidade do próprio amor, de súbito extinto, se relaciona com a impossibilidade da fixação de nossa alma, como identifica Montaigne. "Cartola ensina que há coisas que simplesmente acontecem e que a gente não tem poder sobre elas: não temos controle sobre nossos sentimentos, eles mudam, o coração é inconstante".

Há outros ganhos de natureza comparativa no trabalho crítico de Eliete. Destaco a exposição das imagens insólitas dos sambas de Nelson Cavaquinho e

Guilherme de Brito à luz dos *poètes maudits*, ancestrais da beleza violada. "A flor e o espinho", dos dois parceiros, é admitida pela autora como um amálgama de músico e letrista, ambos afinados com um sentido poético único. "A flor, nesse samba, tem um aspecto destruidor, pois, longe de inspirar alegria, provoca tristeza, dor: inspira amor, mas, como esse amor não se realiza, transforma-se em sofrimento. Lembrei de um verso de Rimbaud: 'Uma noite, sentei a Beleza nos meus joelhos. – E achei-a amarga'. Podemos dizer que a flor, que, tal qual o espinho, fere, provoca dor, é uma 'flor do mal'", diz Eliete. "O choque é um dos elementos que nos fazem chamar Nelson Cavaquinho de 'nosso Baudelaire', Baudelaire cujos poemas são belíssimas sucessões de sobressaltos e melancolia."

A canção brasileira se fez uma encruzilhada de vanguardas, escândalos, disciplinas e acontecimentos centrais em nosso acesso a uma modernidade contraditória, mas plena de conquistas estéticas. O ensaísmo de Eliete Negreiros explora zonas de complexidade e contribui para a história das subversões de hierarquias artísticas no corpo de um samba. Desde os dois livros referenciais sobre Paulinho da Viola, seus estudos dialogam com reflexões sobre a música popular brasileira desenvolvidas, em diferentes raias, por Augusto de Campos, José Ramos Tinhorão, Antonio Cicero, José Miguel Wisnik, Luiz Tatit, Walter Garcia e Lorenzo Mammi. Os textos de *Nelson Cavaquinho & Cartola & Carlos Cachaça: caminho da existência* observam a filosofia na canção sem esquecer as virtudes de ritmo, leveza e profundidade dos sambas ouvidos e meditados. A cantora-ensaísta projeta sua voz com afinação. Ousaria acrescentar que a leitura crítica da vida e obra dos três mosqueteiros do samba tem um efeito profilático sobre nossa sensibilidade poética e em visões redutoras da música nascida no coração das tensões sociais do país, do samba ao rap. Eliete Negreiros quer saber por que a Mangueira canta e nos deixa mais íntimos desse mistério.

Claudio Leal[1]

---

1   Claudio Leal é crítico e jornalista, colaborador dos cadernos culturais *Ilustrada* e *Ilustríssima* da *Folha de S.Paulo*. Doutorando em teoria, história e crítica do cinema pela ECA-USP, é autor de *O universo de Emanoel Araujo* (Capella Editorial, 2019) e organizador da coletânea *Underground* (Edições Sesc São Paulo, 2022), com ensaios de Luiz Carlos Maciel.

INTRODUÇÃO

Na canção popular brasileira desenvolve-se uma fina filosofia sobre a existência: o samba é um lugar em que a reflexão sobre a vida humana tem tal profundidade e impacto que podemos pensar nele como uma filosofia de vida cantada, filosofia criada pelos sambistas. Como escreve Olgária Matos, em seu ensaio "*Theatrum Mundi*: filosofia e canção": "nas canções brasileiras encontra-se, com frequência, uma elaboração musical e literária enunciando uma filosofia moral"[2]. O sambista é um filósofo popular.

"Caminho da existência" é o nome de um grande samba do compositor mangueirense Carlos Cachaça, em parceria com Délcio Carvalho, música que inspirou este trabalho. Foi ouvindo essa canção que me dei conta da grandeza desse compositor. Já o conhecia, principalmente por suas parcerias com Cartola, que gravou e cantou "Alvorada", "Quem me vê sorrindo", "Tempos idos", "Ciência e arte". Foi uma iluminação e uma comoção ouvir "Caminho da existência". Depois disso, senti que era preciso escrever alguma coisa sobre isso. Eis aqui o coração deste trabalho.

Além de Carlos Cachaça, me debrucei sobre parte das obras de Cartola e de Nelson Cavaquinho. Os três, cada qual com seu estilo e originalidade, têm pontos em comum, principalmente no que diz respeito à reflexão sobre a vida, o amor e a morte. São cariocas, mangueirenses, em seus sambas há um profundo sentimento do mundo – são filosóficos – e também viveram na mesma época e se conheciam. Carlos Cachaça e Cartola eram grandes amigos. Nelson Cavaquinho era conhecido dos dois.

---

2   Olgária Matos, "*Theatrum Mundi*: filosofia e canção", em: *Contemporaneidades*, São Paulo: Nacional; Lazuli, 2009, p. 107.

A filosofia do samba é baseada na experiência da vida, na relação rente entre a poesia e a realidade, e podemos dizer com Manuel Bandeira que o samba, como a poesia, brota do chão do mais "humilde cotidiano". Para Bandeira, a essência do poético é um "alumbramento", uma iluminação "desentranhada" do cotidiano, das coisas do mundo, da vida. Na obra desses sambistas também acontece isso. É claro que não se descarta a presença do imaginário e do onírico, mas aparece neles um saber que é extraído da vida e não dos livros. É a partir de inspiração, sensibilidade, reflexão e experiência que os sambistas criam suas canções, sabedoria popular transmitida de geração a geração.

O samba carioca nasceu nos redutos negros da cidade do Rio de Janeiro, no início do século XX. Sérgio Cabral, em *As escolas de samba do Rio de Janeiro*, chama a atenção para o fato de que "a comunidade negra, instalada no centro da cidade do Rio de Janeiro, criava, mais do que um gênero musical, uma cultura musical"[3]. Dizer isso significa dizer que o samba é uma expressão complexa, que o seu sentido não se resume nem à sua estrutura musical, nem a um determinado estilo de letra de música, mas que é a expressão, ancorada dentro de um universo sociocultural, onde música, dança, religião, vida, valores se entrelaçam e se iluminam, criando uma teia de significações; onde cada expressão singular é constituída pelos elementos que compõem esse tecido cultural, a cultura afro-brasileira. Sobre isso falou Paulinho da Viola, numa entrevista que deu para meu livro *Ensaiando a canção: Paulinho da Viola e outros escritos*: "O samba, como o choro, é a expressão de grande força do povo negro, expressão da vida das pessoas que viveram durante grande parte do tempo, e ainda vivem, marginalizadas. É a expressão mais verdadeira, mais forte desta forma, deste ritmo e desse povo marginalizado"[4].

Sérgio Cabral conta que o preconceito racial, principalmente nos anos que se seguiram à abolição da escravatura, impedia que as manifestações culturais e religiosas dos negros merecessem até mesmo a liberdade de existir, quanto mais a de atrair a atenção dos que, porventura, se interessassem pela história de nosso povo. As páginas policiais dos jornais registravam – muitas vezes com

---

3   Sérgio Cabral, *As escolas de samba do Rio de Janeiro*, Rio de Janeiro: Lumiar, 1996, p. 27.

4   Eliete Eça Negreiros, *Ensaiando a canção: Paulinho da Viola e outros escritos*, Cotia: Ateliê Editorial, 2011.

deboche – a repressão da polícia, principalmente às manifestações religiosas, com a prisão de pais e mães de santo. Portar um violão também era motivo de prisão, como disse o compositor Donga: "O fulano da polícia pegava o outro tocando violão, este sujeito estava perdido. Perdido! Pior que comunista, muito pior. Isso que estou lhe contando é verdade. Não era brincadeira, não. O castigo era seríssimo. O delegado te botava lá umas 24 horas"[5]. Aqui o samba aparece como sinônimo de vagabundagem, de malandragem.

Hermano Vianna, em *O mistério do samba*, apresenta a seguinte questão: como o samba passou de música marginal a música símbolo de orgulho nacional? Como e quando se deu essa passagem? Como foi que aconteceu essa mudança? As diversas tentativas de escrever a história do samba, diz Vianna, deparam com uma descontinuidade problemática: é como se os sambistas tivessem passado por dois momentos distintos em sua relação com a elite social brasileira e com a sociedade brasileira como um todo: "Num primeiro momento, o samba teria sido reprimido e enclausurado nos morros cariocas e nas 'camadas populares'. Num segundo momento [a partir dos anos 1930], os sambistas, conquistando o carnaval e as rádios, passariam a simbolizar a cultura brasileira em sua totalidade, mantendo relações intensas com a maior parte dos segmentos sociais do Brasil e formando uma nova imagem do país 'para estrangeiro (e para brasileiro) ver". E continua: "Aí está o grande mistério da história do samba: nenhum autor tenta explicar como se deu essa passagem (o que a maioria faz é apenas constatá-la), de ritmo maldito à música nacional e de certa forma oficial"[6].

Ainda assim, há o preconceito, a ideia que julga que ser sambista é uma atividade de menor valor do que ser acadêmico. Paulinho da Viola expressa isso no samba "14 anos", em que diz que seu pai o aconselhou a ser doutor porque "Sambista não tem valor/ Nesta terra de doutor". Nesse sentido, numa entrevista ao jornal *Folha de S.Paulo*, em 6 de outubro de 1994, Chico Buarque disse: "Outro dia, num jornal, um sujeito para falar mal de mim me chamou de sambista, como se fosse um insulto. E eu sou um sambista. Quando eu morrer, quero que digam: morreu um sambista que escrevia livros".

---

5   Sérgio Cabral, *op. cit.*, p. 27.

6   Hermano Vianna, *O mistério do samba*, Rio de Janeiro: Jorge Zahar; EdUFRJ, 1995, pp. 28-9.

No samba, expressão cultural de um grupo marginalizado, formado pelos negros que vivem nos morros e subúrbios da cidade do Rio de Janeiro, é gestado um saber que – além de particular e brasileiro – é universal, isto é, dialoga com as grandes questões da humanidade e se insere na tradição da cultura ocidental. Nesse sentido, o samba aparece como um lugar privilegiado da produção de um saber que busca a compreensão do mundo e a canção popular como forma de conhecimento. Há na produção desses sambistas um saber que busca o sentido da existência, questão permanente e que ocupou a reflexão humana desde os antigos até a atualidade. Se pensarmos na literatura, Dante, na *Divina comédia*, e Shakespeare, em *Hamlet*, por exemplo; na filosofia, nos pensadores gregos e romanos temos um saber produzido na fagulha dessa busca de compreensão da existência humana: Platão e o mito da caverna, Sêneca e a reflexão sobre a brevidade da vida. No período do Renascimento, Montaigne, nos *Ensaios*, nos ensina que filosofar é aprender a morrer. Há um vínculo entre esses diferentes saberes e o samba, tendo por denominador comum a reflexão sobre a condição humana.

A pesquisa e a redação desta obra tiveram o apoio do Rumos Itaú Cultural 2019-2020.

Este trabalho é um tributo a Carlos Cachaça, fonte de inspiração, a Cartola e a Nelson Cavaquinho. É dedicado a esses sambistas, que nos ajudam a entender e a compreender o mundo, nosso Brasil, nossa cultura, nossas alegrias e dores, através da beleza de suas composições.

Espero, assim, que mais pessoas conheçam a obra genial desses compositores. Bênção, Carlos Cachaça! Bênção, Cartola! Bênção, Nelson Cavaquinho!

MA NOITE, CHEGUEI EM CASA NUMA
GUA DANADA E PENSEI: IH, O NEGÓCIO
Á RUIM, MAS NÃO VOU PEDIR A NINGUÉM
RA ME SOCORRER, NÃO. COMECEI A
ENSAR NESSAS COISAS TODAS E FUI ME
EITAR. NAQUELE TEMPO EU ESTAVA COM
CAVAQUINHO. BOTEI O CAVAQUINHO DO
ADO E PEGUEI NO SONO. AÍ SONHEI QUE
MORRER ÀS TRÊS HORAS DA MANHÃ.
ESPERTEI, E ERAM DUAS E MEIA! EU DISSE
GORA É QUE O NELSON VAI EMBORA
ÃO QUERIA CHAMAR NINGUÉM, ESTAVA
TÉ ENVERGONHADO... E O PONTEIRO FO
UBINDO, E QUANDO FALTAVAM CINCO
RA AS TRÊS, EU BOTEI O PONTEIRO PARA
EIA-NOITE E DISSE: EU NÃO VOU NESSA
E MANEIRA NENHUMA! ENTÃO EU SAÍ
OMECEI A BEBER OUTRA VEZ, E ESSA
OENÇA PASSOU NUM INSTANTINHO.

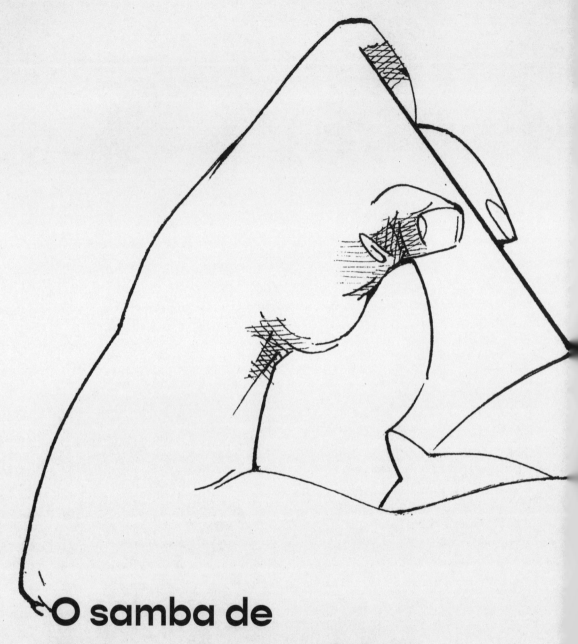

O samba de Nelson Cavaquinho: amor, sofrimento e morte

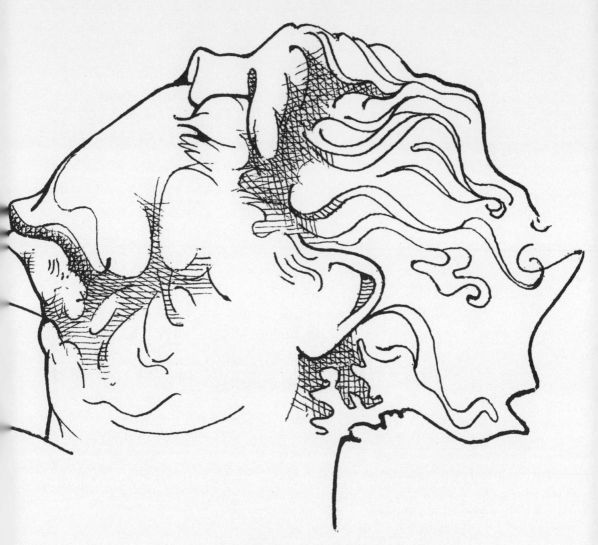

*Sei que a maior herança
que eu tenho na vida/
É meu coração,
amigo dos aflitos*

NELSON CAVAQUINHO, CORAÇÃO DE SAMBISTA

Faço músicas para tirar as coisas de dentro do coração.
E foi assim desde o dia em que fiz meu primeiro samba.
Nelson Cavaquinho

Nelson Antônio da Silva nasceu na Tijuca, no Rio de Janeiro. Quanto à data de seu nascimento, há controvérsia: 28 ou 29 de outubro de 1911; faleceu em 18 de fevereiro de 1986, na mesma cidade. De família humilde, filho de Maria Paula da Silva, lavadeira, e Brás Antonio da Silva, contramestre da Banda da Polícia Militar e tocador de tuba, Nelson era um dos seis filhos do casal. Tinha um tio músico, que tocava e dava aula de violino. Ele o ouvia tocar e é famosa a estória de que improvisou um cavaquinho com uma caixa de charutos, onde esticava uns barbantes e tentava tocar...

Estudou só até o terceiro ano primário, pois precisou abandonar o estudo para trabalhar e ajudar em casa. Aos 8 anos, a família muda-se para as imediações da Lapa, reduto da boemia e da malandragem. Foi aí que conheceu valentes como Brancura, Baiaco, Zé Pretinho. A mãe lavava roupa no Convento Santa Teresa, próximo aos arcos da Lapa, e foi lá que ele aprendeu catecismo, tornando-se um cristão fervoroso. Daí o cunho religioso de vários de seus sambas, onde evoca a figura de Deus, alguns explicitamente cristãos, como "Caridade" e "Revertério". No seu mundo, boemia e religião convivem sem antagonismo.

Sua família vivia mudando de endereço, para escapar do aumento dos aluguéis. Importante para sua formação musical foi ter ido morar no bairro da Gávea. Frequentava bailes dos clubes Gravatá, Carioca Musical e Chuveiro de Ouro, conhecendo músicos decisivos para sua formação, como Edgar da Flauta da Gávea, Heitor dos Prazeres, Mazinho do Bandolim e o violonista Juquinha, que o ensinou a tocar cavaquinho. Trabalhou numa fábrica de tecidos e participava das rodas de choro. A Gávea naquela época era um bairro operário e musical, onde Nelson conheceu os músicos que tocavam choro, em conjuntos geralmente formados por violão, flauta e cavaquinho. E foi ouvindo e aprendendo com eles:

> Eu comecei com o cavaquinho na Gávea. Havia uma turma que fazia choro para derrubar, mas eu fiz um que derrubou todo mundo. Aí eles passaram a acreditar mais em mim. Mas depois eu fui crescendo e achei: – Esse cavaquinho é muito pequenininho pra mim, sabe? Aí peguei no violão. Eu não conheço música, eu aprendi de ouvido, vendo os outros tocando, fui indo, fui indo, tanto que aprendi. Mas eu toco violão com dois dedos... Alguém uma vez disse pra mim: "Ô, Nelson, se com dois dedos você toca assim... Só você é que usa esse modo de tocar". E foi assim que eu me fiz, graças a Deus, e aprendi o que vocês sabem.[7]

Sobre sua formação musical, ele conta:

> Naquele tempo eu gostava do Sinhô, do Noel, daquelas músicas que estavam em evidência, como "Jura". Eu ouvia nessas casas de música, o Cavaquinho de Ouro, na rua Uruguaiana. No Bandolim de Ouro eram só solistas de violão, como João Pernambuco, Pequenote, Eduardinho, Romualdo, irmão de Luperce Miranda. Foi com essas músicas bonitas que aprendi a tocar. Eu dizia ao velho que ia trabalhar e ia ouvir música.[8]

Por conta de um casamento precoce, aos 21 anos, com Alice Ferreira Neves, "sem dinheiro nem para comprar sabão", segundo ele mesmo disse, foi levado pelo pai a ingressar na cavalaria da Polícia Militar, em busca de uma remuneração fixa para as despesas da vida de casado. Mas a região que ele patrulhava era nada mais, nada menos que o morro da Mangueira, reduto dos bambas Cartola,

---

7   Afonso Machado, "O dono das calçadas", em: Almir Chediak (org.), *Nelson Cavaquinho, songbook*, Rio de Janeiro: Lumiar, 2016, p. 6.

8   *Ibidem.*

Carlos Cachaça e outros. Aí, em vez de patrulhar, ele ia se confraternizar nos botequins com os sambistas, e era muito samba, muita conversa, muita bebida. A essa altura, ele já tocava bem o violão. Há uma estória com seu cavalo, que tinha por apelido Vovô, e que ele adorava contar:

> Nós ficamos amigos (ele e o cavalo), sabe? Ele ficava na porta do boteco, batendo com a pata no chão, até que eu levasse um pouquinho de pinga pra ele. Um dia, parei numa tendinha e deixei, como sempre, o Vovô amarrado na porta. E olha: fiquei tanto tempo por lá conversando e bebendo que, quando saí da birosca, cadê o animal? Tinha sumido! Fiquei apavorado. Mas resolvi, assim mesmo, voltar de bonde e entrar disfarçadamente no quartel. Não é que quando eu cheguei lá, dei de cara com o cavalo na estrebaria? O bicho já sabia o caminho de volta, e quando bateu a hora de ir embora, ele foi sozinho. E lá, o danado parecia que estava sorrindo para mim, rindo da minha cara, pela peça que ele me pregou![9]

Por ficar frequentemente nos bares, com os amigos da Mangueira, em vez de patrulhar, Nelson foi preso diversas vezes. Conta-se que, na prisão, ele aproveitava para compor. Depois de sete anos, foi expulso da Polícia Militar, seu casamento foi desfeito e, em meados dos anos 1930, abraçado ao inseparável violão, caiu no samba e na vida: "Minha vida é essa mesmo, foi sempre uma orgia. Fazer samba, bebida, violão e Mangueira. Eu ia muito à zona do Mangue também. Cada botequim daqueles tinha um conjunto, um grupo de choro. Era toda noite... O Noel Rosa frequentava mais a Lapa, mas também ia ao Mangue"[10].

Decidido a viver de música, acabou por "vender" várias parcerias para sobreviver. Como no caso de Cartola, que será relatado adiante. Vários de seus parceiros são fictícios, o que não é de modo algum o caso de seu mais constante e brilhante parceiro: Guilherme de Brito.

---

9   *Ibidem*, p. 7.
10   *Ibidem*, pp. 5-6.

Nelson começou compondo alguns choros, mas, a partir de sua convivência com os bambas da Mangueira, tornou-se sambista, deixando, aos poucos, o cavaquinho de lado e abraçando o violão, que tocava a seu modo original. Compôs com Carlos Cachaça "Entre a cruz e a espada" e, com Cartola, "Devia ser condenada".

Nelson Cavaquinho começou a ser gravado na década de 1940. Cyro Monteiro (1913-73) gravou em 1943 "Apresenta-me àquela mulher" (Nelson Cavaquinho, Augusto Garcez e G. de Oliveira) e "Não te dói a consciência" (Nelson Cavaquinho, Garcez e Ari Monteiro). Em 1945, Cyro gravaria "Aquele bilhetinho" (Nelson Cavaquinho, Garcez e Arnô Canegal) e seu primeiro clássico, "Rugas" (Nelson Cavaquinho, Garcez e Ari Monteiro). Nelson conta que "Rugas" era o samba que Tom Jobim e Vinicius de Moraes sempre pediam para que ele cantasse quando se encontravam.

Em 1950, Roberto Silva gravou "Degraus da vida": "Sei que estou no último degrau da vida, meu amor/ Já estou envelhecido, acabado...". A letra, conta Nelson, foi inspirada numa frase que seu pai disse quando estava doente: "Sei que estou no último quartel da vida". Em 1951, Dalva de Oliveira, que já era uma estrela no mundo da música, gravou "Palhaço": "Faça a plateia gargalhar/ Um palhaço não deve chorar". Em 1953, o cantor Risadinha gravou "Cigarro" (com José Batista) e "Minha fama" (com Magno de Oliveira). Em "Minha fama", o tema da morte, um dos traços da poética do sambista, já aparece: "Quando eu morrer, deixarei minha fama/ Deixarei no mundo quem me ama".

A FLOR, O ESPINHO

Foi em meados da década de 1950 que Nelson Cavaquinho conheceu, num boteco em Ramos, seu parceiro mais constante, Guilherme de Brito, com quem comporia muitas obras-primas, como "A flor e o espinho" (com Alcides Caminha, 1957), "Pranto de poeta" (1957), "Folhas secas" e "Quando eu me chamar saudade" (1973). Num depoimento a Fernando Faro, Guilherme de Brito disse: "Eu sempre admirei o Nelson e queria me chegar a ele, porque a maneira de ele compor é parecida com a minha"[11].

---

11   Fernando Faro, *MPB Especial*, TV Cultura, 1973.

Nelson não tinha uma carreira regular, não frequentava o meio musical, preferindo as mesas dos bares, como o Cabaré dos Bandidos, na praça Tiradentes, no centro do Rio, onde escreveu as primeiras parcerias com Guilherme de Brito. Apesar disto, diz Tárik de Souza, ele sabia cultivar sua lenda pessoal. Uma delas, muito engraçada e conhecida, é a estória de como ele enganou a morte:

> Uma noite, cheguei em casa numa água danada
> e pensei: Ih, o negócio tá ruim, mas não vou pedir a
> ninguém pra me socorrer, não. Comecei a pensar nessas
> coisas todas e fui me deitar. Naquele tempo eu estava
> com o cavaquinho. Botei o cavaquinho do lado e peguei
> no sono. Aí sonhei que ia morrer às três horas da manhã.
> Despertei, e eram duas e meia! Eu disse: agora é que o
> Nelson vai embora! Não queria chamar ninguém, estava
> até envergonhado... E o ponteiro foi subindo, e quando
> faltavam cinco para as três, eu botei o ponteiro para
> meia-noite e disse: eu não vou nessa de maneira nenhuma!
> Então eu saí, comecei a beber outra vez, e essa doença
> passou num instantinho.[12]

Com vida boêmia e errante, sem emprego fixo, vivendo de alguns trocados, que ganhava com a venda de alguns sambas, Nelson Cavaquinho morava na periferia, mas frequentava as rodas de samba de toda a cidade. Foi numa delas, no início dos anos 1960, que o amigo e parceiro Cartola armou, no centro do Rio, que ele começou a ficar conhecido, a se tornar popular. Essa reunião de sambistas foi a origem do Zicartola, restaurante de Cartola e de sua mulher Zica, na rua da Carioca, e que viria a se tornar um efervescente centro da cultura carioca:

> Lá misturavam-se veteranos como Zé Kéti, Jair do
> Cavaquinho, Anescar do Salgueiro, Nelson Sargento, além
> de Cartola, Nelson Cavaquinho, o maranhense João do
> Vale (coautor de "Carcará") e jovens compositores como

---

12   Afonso Machado, "O dono das calçadas", *op. cit.*, p. 12.

Paulinho da Viola, Elton Medeiros, Hermínio Bello de Carvalho, além de intelectuais, jornalistas e artistas de outras áreas. Destas reuniões informais, em sintonia com a ideologia do CPC (Centro Popular de Cultura) da UNE (União Nacional dos Estudantes) de aproximação entre intelectuais, estudantes e a cultura popular, surgiriam os esboços do show *Opinião*, de 1964. O enredo unia o chamado samba de morro (Zé Kéti), a música nordestina (João do Vale) e a ala politicamente engajada da bossa, representada pela capixaba Nara Leão, criada na Zona Sul do Rio.[13]

Nelson Cavaquinho apresenta-se no Zicartola em 1963 e, ao lado de Cartola, Zé Kéti, Elton Medeiros, Jorge Santana e Nuno Veloso, forma o grupo A Voz do Morro, que faz uma única apresentação num programa de TV.

Em 1964, em seu ousado LP de estreia, Nara Leão, a musa da bossa nova surpreendeu a todos, inclusive a seu produtor Aloysio de Oliveira, ao gravar, no prestigiado selo Elenco, sambas de Nelson Cavaquinho, Cartola, Elton Medeiros e Zé Kéti. Todos esperavam que ela fosse gravar apenas canções da bossa nova, com aquelas sofisticadas harmonias, mas ela gravou os belíssimos e antológicos sambas "Luz negra" (Nelson Cavaquinho e Amâncio Cardoso), "O sol nascerá" (Cartola e Elton Medeiros) e "Diz que fui por aí" (Zé Kéti), sambas que têm uma estética muito diferente daquela da bossa nova, com suas melodias sofisticadas e harmonias simples.

Em 1965, com Elizeth Cardoso, no LP *Elizeth sobe o morro*, Nelson Cavaquinho grava pela primeira vez tocando e cantando. Elizeth grava "A flor e o espinho", em que Nelson toca violão, e "Luz negra", na qual ele canta um trecho da canção.

Em 1968, Hermínio Bello de Carvalho produz o disco *Fala Mangueira!*, pela Odeon, com Nelson Cavaquinho, Cartola, Carlos Cachaça, Clementina de Jesus e Odete Amaral. De Nelson Cavaquinho, estão no disco "Rei vagabundo" (com J. Ribeiro), "A Mangueira me chama" (com B. A. Soares e J. Ribeiro), "Sempre Mangueira" (com G. Queiroz), "Folhas caídas" (com César Brasil) e "Eu e as

---

13   Tárik de Souza, *Nelson Cavaquinho*, Coleção Folha Raízes da Música Popular Brasileira, v. 11, Rio de Janeiro: Mediafashion, 2010, p. 27.

flores" (com Jair do Cavaquinho). Escreve Tárik de Souza que, em "Sempre Mangueira" e "A Mangueira me chama", Nelson Cavaquinho "filosofa sobre a transfiguração da arte popular: 'Os versos em Mangueira são modestos/ mas há sempre força de expressão/ nossos barracos são castelos/ em nossa imaginação'"[14]. Como diz Tárik, esses sambas "acentuam um lado mais orgíaco, pouco estudado em sua obra, que aparece também em 'Folhas secas', 'Minha festa', 'Quero alegria', todas com Guilherme de Brito, e na hedonista 'Vou partir', com o portelense Jair do Cavaquinho: 'Vou partir/ não sei se voltarei/ tu não me queiras mal/ hoje é carnaval'"[15].

Leon Hirszman, em 1969, faz o curta-metragem *Nelson Cavaquinho* e, em 1970, Nelson grava seu primeiro disco solo, o LP *Depoimento do poeta*, gravado pelo pequeno selo Castelinho. Mas a gravadora fechou e o disco só foi reeditado pela Continental em 1974. Nele, Nelson gravaria, entre outros, sambas que se tornariam clássicos: "Quando eu me chamar saudade", "A flor e o espinho", "Degraus da vida" e "Luz negra".

Com algum dinheiro de direitos autorais e *shows* em teatros e casas noturnas, Nelson começou a se tornar conhecido, com músicas gravadas principalmente pelas cantoras Beth Carvalho e Clara Nunes. E é famosa a estória da disputa entre Beth Carvalho e Elis Regina para gravarem "Folhas secas" (com Guilherme de Brito), que acabou sendo gravada pelas duas, em 1973: Beth Carvalho no LP *Canto por um novo dia*, e Elis no LP *Elis*.

O ano de 1973 também foi aquele em que Nelson Cavaquinho gravou seu melhor disco, na antiga Odeon. Produzido pelo paulista J. C. Botezelli, o Pelão, que também foi responsável pela estreia de Cartola, em 1974, em *Nelson Cavaquinho*, o sambista, com sua voz arrastada, seu violão beliscado e tocando de modo original, desfila joias como "Juízo Final" (com Élcio Soares), "Folhas secas" (com Guilherme de Brito), um *pout-pourri* com "A flor e o espinho" (com Guilherme de Brito e Alcides Caminha), "Se eu sorrir" (com Guilherme de Brito), "Quando eu me chamar saudade" (com Guilherme de Brito), "Pranto de poeta" (com Guilherme de Brito), "É tão triste cair" e "Rugas" (com Augusto Garcez e Ary Monteiro).

---

14   *Ibidem*, p. 35.

15   *Ibidem*.

Sua obra torna-se mais conhecida entre os anos de 1950 e 1970, pela interpretação de grandes artistas como Paulinho da Viola, Elizeth Cardoso, Nara Leão, Beth Carvalho, Clara Nunes, Elza Soares, Elis Regina e Paulo César Pinheiro.

Em 1977, participa do LP *Quatro grandes do samba*, ao lado de Elton Medeiros, Candeia e Guilherme de Brito.

Em 1985, no álbum *Flores em vida*, ele toca e canta alguns de seus sambas e é interpretado e homenageado por Chico Buarque, Beth Carvalho, João Bosco e Toquinho. Assim, cumpriu-se o desejo que ele cantara em "Quando eu me chamar saudade": "Me dê as flores em vida".

OS SAMBAS

AS FLORES DO MAL

"Tire o seu sorriso do caminho/ Que eu quero passar com a minha dor": assim começa o samba "A flor e o espinho" de Nelson Cavaquinho, Guilherme de Brito e Alcides Caminha[16]. Nesses dois versos, o sambista afasta a alegria e chama a tristeza. Ele não pede, ordena: "tire" e "quero". Não há fraqueza: há uma força nesse sofrimento, a força da dor, da coragem, da aceitação e da exibição do sofrimento. Esses dois versos são considerados por Sérgio Porto como "uma das mais belas imagens do nosso cancioneiro"[17]. Sobre esse samba, Zuza Homem de Mello e Jairo Severiano escreveram:

> Na verdade, estes versos – que são de Guilherme de Brito – ficaram tão famosos, que se tornaram uma espécie de marca registrada da obra de Nelson Cavaquinho, que é autor somente da melodia. Aliás, em todas as composições da dupla, Nelson fez sempre as melodias e Guilherme as letras. Formada em 1955, essa parceria, fundamental para a própria história do samba, criou, além de "A flor e o espinho", outras obras-primas como "Folhas secas", "Pranto de poeta", "Quando eu me chamar saudade", "O bem e o mal" etc. Mas, voltando ao samba "A flor e o espinho", pode-se dizer que esta composição (feita durante um encontro na praça Tiradentes, no Rio) sintetiza o estilo poético/musical da dupla, marcado por um lirismo

---

16   Alcides Aguiar Caminha assinaria ainda outras parcerias com Nelson, como "Notícia" (dos dois mais Nourival Bahia), mas seria lembrado pelo público, bastante mais, por um pseudônimo: Carlos Zéfiro, o autor dos famosos desenhos e histórias eróticos vendidos em bancas de jornal por longo período, de 1950 a 1970. [N. E.]

17   Jairo Severiano e Zuza Homem de Mello, *A canção no tempo: 85 anos de músicas brasileiras*, São Paulo: Editora 34, 1997, v. 1, p. 330.

angustiado, pessimista, em que ressalta uma constante
preocupação com a morte e as tragédias da vida. Isso, de
certa forma, contrasta com a personalidade de Nelson,
por toda vida um boêmio irreverente, inveterado trovador
de botequim.[18]

No entanto, é outra a versão da parceria dos dois, contada pelo próprio
Nelson, uma parceria sem regra, em que os dois criavam juntos tanto melodia
quanto letra: "Para ser franco, a todos que estão me ouvindo, o Guilherme é o
melhor parceiro que encontrei. Parece que ele tem o mesmo sentimento que eu.
Parece que ele também acredita muito em Deus, como eu. Um faz a primeira,
o outro faz a segunda ou fazemos a primeira e a segunda juntos. Parece uma
fábrica de samba!"[19].

Sobre a tristeza das músicas e o contraste com a personalidade do sambista,
há um depoimento no filme *Nelson Cavaquinho*, de Leon Hirszman, em que
o sambista diz: "Minhas músicas são tristes. [...] Tristeza só nas músicas"[20].
E Paulinho da Viola, comentando esse filme, disse: "O filme passa uma
tristeza que não é do Nelson. [...] Eu conheci bem o Nelson, ele não era triste.
A tristeza das músicas dele era dos outros, ele captava o sofrimento dos outros.
Mas ele mesmo era muito alegre, bem-humorado"[21].

O samba é tecido por pares de opostos: flor × espinho, sorriso × dor, sol ×
lua, a começar pelo título, pois a flor é suave, bela, macia, colorida, e o espinho
áspero, feio, duro, sem cor. O sorriso revela a alegria, e a dor, a tristeza; o sol,
simboliza a luz, o dia, e a lua, a escuridão, a noite. Os elementos que compõem
a letra do samba estão em tensão. E o tema da canção é a transformação de um
amor feliz em infeliz – "Eu na sua vida já fui uma flor/ Hoje sou espinho em
seu amor" – e a tristeza que isso provoca no eu lírico.

---

18   *Ibidem.*

19   Almir Chediak (org.), *Nelson Cavaquinho, songbook, op. cit.*

20   Leon Hirszman, *Nelson Cavaquinho*, Rio de Janeiro: Saga Filmes, 1969, 14 min.,
      disponível em: <https://www.youtube.com/watch?v=MxfDn41xP3s>, acesso em:
      jun. 2024.

21   Helena Salem, *Leon Hirszman: o navegador das estrelas*, Rio de Janeiro: Rocco, 1997,
      p. 188.

Se o sambista lamenta, é porque desejava ser feliz. E desde há muito, como já dizia o filósofo Aristóteles, todos os homens buscam a felicidade. O termo grego para designar felicidade é *eudaimonia*. Em *Ética a Nicômaco*, Aristóteles diz que todos os homens buscam a felicidade e nisso são unânimes. Mas, quando se trata de dizer o que é a felicidade, começam as diferenças: uns acham que é o prazer, outros a riqueza, outros o reconhecimento, outros a saúde. Alguns, ora uma coisa, ora outra. Em *A felicidade humana*, Julián Marías, comentando a *eudaimonia* aristotélica, diz que "parte dos homens acha que a felicidade é aquilo que lhes falta e de que têm necessidade"[22]. E aqui entra uma noção importante: a privação, *stéresis*. A *stéresis* é a carência de algo que nos faz falta. Essa noção vai estar presente em toda uma vertente da concepção amorosa ocidental em que o amante busca o ser amado como essencial para sua felicidade, para sua completude, sendo muitas vezes tido como razão de seu viver.

E é com essa vertente da lírica amorosa que essa canção dialoga, pois a tristeza do sujeito está ligada à carência, à perda de seu amor, de sua "cara-metade": "Eu só errei quando juntei minha alma à sua/ O Sol não pode viver perto da Lua". Ele sofre porque errou e errou porque juntou sua alma à da amada, mas essa união não se realizou: se a alma dos dois tivesse ficado unida, se os dois tivessem formado um, ele seria feliz. Sua amada, para ele, é sua felicidade, aquilo que lhe falta. Em *O banquete*, Platão formulou pela primeira vez o mito do amor romântico, o mito do Andrógino: no início, cada um era um ser por inteiro que, por um castigo divino, foi dividido em duas partes. A busca da unidade perdida faz com que procurem a outra metade que as completaria e as faria felizes. "Por conseguinte, desde que a nossa natureza se mutilou em duas, ansiava cada um por sua própria metade e a ela se unia [...]"."É então de há tanto tempo que o amor de um pelo outro está implantado nos homens, restaurador da nossa antiga natureza, na tentativa de fazer um só de dois [...]."[23] Sobre o mito do Andrógino, Octavio Paz escreveu: "O mito do Andrógino não só é profundo como despertou em nós outras ressonâncias também profundas: somos seres incompletos e o desejo amoroso é perpétua sede de completude. Sem o outro ou a outra não serei eu mesmo"[24].

---

22   Julián Marías, *La felicidade humana*, Buenos Aires: Alianza Editorial, 2005, p. 71.

23   Platão, *O banquete*, Rio de Janeiro: Bertrand Brasil, 1966, pp. 128-9.

24   Octavio Paz, *A dupla chama do amor e erotismo*, São Paulo: Siciliano, 1994, p. 41.

A flor, símbolo de beleza e brevidade, é quase sempre associada à juventude, "flor da idade". Nesse sentido, Julián Marías, em *A educação sentimental*, escreve: "É um tópico literário que já temos encontrado muitas vezes, o da breve duração da beleza, especialmente da que mais se entende assim, a feminina. A imagem da rosa, que murcha ao cabo de um dia, tem sido o símbolo cem vezes repetido da fugacidade da beleza"[25]. Já o espinho, rijo, seco, é associado a algo que fere, à dor, e é resistente, durável. Então, o triste destino desse amor parece estar inscrito no nome do samba: vai a flor, a amada, fica o espinho, o amante.

A primeira parte do samba, mesmo tendo um caráter visual, apresenta imagens que falam do sentimento interior do sujeito, do que vai na sua alma, da sua dor. A segunda parte, começa com a imagem de um espelho que reflete o sentimento interior, estampado no rosto do poeta, e trata, portanto, da sua manifestação exterior – "olhos rasos d'água". Temos um jogo de espelhos: a dor, interior, é refletida no rosto do sambista, que por sua vez se reflete no espelho, que reflete, para ele, seus olhos marejados, que refletem a dor interior. Um ciclo: do interior ao exterior e, deste, novamente ao interior.

Os dois versos finais, de uma beleza trágica, resumem o sentido do samba: "Eu na sua vida já fui uma flor/ Hoje sou espinho em seu amor". Num caminho que vai da luz à escuridão, da alegria à tristeza, do amor ao desamor, a flor se transforma em espinho, diante do desespero e das lágrimas vãs de seu cantor.

A paixão "manifesta a fragilidade humana perante forças transcendentes às quais ninguém pode se opor. Para os estoicos, é irrazão e loucura, nascidas de nosso assentimento a falsas representações. É adesão ao falso, obra do próprio homem e não dos deuses", como ensina Marilena Chauí[26]. E nessa canção podemos encontrar a concepção estoica de paixão, pois o sofrimento do sambista resulta do erro de tentar unir sua alma à alma da amada, pois "O Sol não pode viver perto da Lua".

A flor, nesse samba, tem um aspecto destruidor, pois, longe de inspirar alegria, provoca tristeza, dor: inspira amor, mas, como esse amor não se realiza, transforma-se em sofrimento. Lembrei de um verso de Rimbaud: "Uma noite,

---

25   Julián Marías, *La educación sentimental*, Buenos Aires: Alianza Editorial, 2005, p. 259.

26   Marilena Chauí, *Introdução à história da filosofia*, São Paulo: Companhia das Letras, 2010, v. 2, p. 163.

sentei a Beleza nos meus joelhos. – E achei-a amarga"[27]. Podemos dizer que a flor, que, tal qual o espinho, fere, provoca dor, é uma "flor do mal".

Um elemento interessante presente nessa canção é a instabilidade, elemento próprio das paixões: a amada ora é flor, ora é espinho; o amante ora é espinho, ora é flor. Esse movimento parece assinalar o movimento instável da paixão, sua oscilação. Montaigne, o filósofo de *Ensaios*, fala de um eu inconstante, das oscilações da vontade, da ignorância que temos a respeito de nós mesmos: "Se minha alma pudesse fixar-se, eu não seria hesitante; falaria claramente, como um homem seguro de si. Mas ela não para e se agita sempre à procura do caminho certo"[28]. A inconstância do eu é uma possível compreensão à mudança do ânimo amoroso, pois, se somos inconstantes em nosso âmago, como pensar que poderemos criar relações duradouras? Ou esperar constância dos outros? Jean Starobinski, em *Montaigne em movimento*, escreveu:

> Somos apenas uma sucessão rápida de instantes dessemelhantes. Se (argumenta Montaigne), no meio da alegria, nosso rosto mostra de súbito tristeza, isso não quer dizer que fingíamos nossa alegria; significa apenas que mudamos repentinamente e fomos abandonados pela alegria que manifestávamos havia um instante. Tornamo-nos diferentes. Nossos estados se sucedem e se contradizem.[29]

No samba "Eu e as flores" (Nelson Cavaquinho e Jair do Cavaquinho), o poeta, passando perto das flores, é surpreendido por algo inesperado: as flores parecem falar com ele e anunciar que em breve enfeitarão o seu caixão. Um momento de aparente calma e beleza é transformado inesperadamente num momento lúgubre. Quando a gente escuta o samba pela primeira vez, leva um choque. O choque

---

27   Jean-Arthur Rimbaud, *Uma temporada no inferno e iluminações*, Rio de Janeiro: Francisco Alves, 1982, p. 45.

28   Michel de Montaigne, *Ensaios*, coleção Os Pensadores, São Paulo: Abril Cultural, 1992, p. 372.

29   Jean Starobinsky, *Montaigne em movimento*, São Paulo: Companhia das Letras, 1992, p. 87.

é um dos elementos que nos fazem chamar Nelson Cavaquinho de "nosso Baudelaire", Baudelaire cujos poemas são belíssimas sucessões de sobressaltos e melancolia.

Um outro elemento a aproximar esse samba da poética de Baudelaire é o seguinte: no poeta francês há uma tensão quase insuportável entre a forma tradicional do poema e o conteúdo corrosivo dele, como vimos em "Uma carniça". No caso de Nelson Cavaquinho, também a forma tradicional do samba se choca com o conteúdo surpreendente: flores falantes e fúnebres. Se, por um lado, a morte é um tema presente em muitos sambas, o modo como ela aparece aqui, através das vozes das flores, é inédito, tenebroso e surpreendente.

Freud, no ensaio "A transitoriedade", conta que, passeando com um amigo poeta, este foi tomado de muita tristeza diante da beleza da paisagem e da consciência de que em breve ela seria extinta:

> O poeta admirava a beleza do cenário que nos rodeava, porém não se alegrava com ela. Perturbava-o o pensamento de que toda aquela beleza estava condenada à extinção, pois desapareceria no inverno, e assim toda beleza humana e tudo de belo e nobre que os homens criaram ou poderiam criar. Tudo o mais que, de outro modo, ele teria amado e admirado, lhe parecia despojado de valor pela transitoriedade que era o destino de tudo.[30]

Voltando ao samba, o poeta, ao passar perto das flores, ouve que elas quase dizem: "Vai que amanhã enfeitaremos o seu fim". Se no samba de Cartola "as rosas não falam", neste, elas, lúgubres, murmuram e são mensageiras da morte: lembram ao poeta que ele em breve estará morto e elas enfeitarão seu caixão. A vida das flores, comparada à dos homens, é breve, tema presente na literatura e na sabedoria popular. Contudo, aqui, a temporalidade está invertida: essas flores sinistras permanecem e quem passa é o homem. Outra modalidade das flores do mal: fúnebres, são flores que não enfeitam jardins, mas sim túmulos e caixões, símbolos de mau agouro. Flores malditas.

---

30 Sigmund Freud, "A transitoriedade", em: *Obras completas*, São Paulo: Companhia das Letras, 2010, v. 12, p. 248.

Na segunda parte do samba, a reflexão sobre a transitoriedade da vida continua: "A nossa vida é tão curta/ Estamos neste mundo de passagem". O que as flores parecem dizer desperta no sambista uma reflexão sobre a brevidade da vida e, então, ele evoca Deus. Aqui está presente o aspecto religioso do samba, a presença de um Deus criador, dono do destino de suas criaturas. Sem saber o quanto viverá, o sambista entrega sua vida nas suas mãos.

"A flor e o espinho", "Eu e as flores", duas flores do mal: uma, com sua beleza inalcançável, provoca dor e tristeza; outra, uma reflexão sobre a transitoriedade da vida.

Muitas canções de Nelson Cavaquinho falam da morte, da brevidade da vida, sambas filosóficos, em que se reflete sobre a existência e o sentido da vida. Sobre as flores e a brevidade da vida há uma passagem exemplar no romance *Quincas Borba*, de Machado de Assis. Sofia, mulher casada, por quem Rubião é apaixonado, aborrecida com a insistência deste em fazer um passeio a sós com ela, vai até a janela que dá para o jardim da casa, onde "iam murchando duas rosas vulgares". "Quero crer que este costume nasce da brevidade da vida", comenta o narrador: "Para as rosas, escreveu alguém, o jardineiro é eterno". "E que melhor maneira de ferir o eterno que mofar de suas iras?" "Eu passo, tu ficas; [...] A tua eternidade não vale um só dos meus minutos." As rosas começam a falar entre si e a zombar do aborrecimento de Sofia. Rosas falantes e maldosas. Outras flores do mal[31].

"LUZ NEGRA"

Foi num encontro no Zicartola, nos anos 1960, que o cineasta Leon Hirszman pediu a Nelson Cavaquinho que compusesse um tema para seu primeiro longa-metragem, *A falecida* (1965). O filme, baseado na peça homônima de Nelson Rodrigues, tinha Fernanda Montenegro como protagonista. Foi assim que nasceu o tema instrumental "Luz negra", orquestrado por Radamés Gnattali e que só mais tarde ganharia letra memorável de Amâncio Cardoso.

Em 1961, Baden Powell ouviu "Luz negra", ficou encantado e gravou o samba em seu disco *Um violão na madrugada*[32].

---

31   Machado de Assis, "Quincas Borba", em: *Obras completas*, Rio de Janeiro: José Aguilar, 1971, v. 1, pp. 763-4.

32   Hugo Sukman, *Nara Leão: Nara – 1964*, Rio de Janeiro: Cobogó, 2022, p. 133.

O Zicartola, ponto de encontro da efervescente cultura carioca dos anos 1960, encontro de sambistas, bossa-novistas e outros artistas e intelectuais, era, no início, apenas o restaurante da Dona Zica, mulher de Cartola. Daí o nome: Zica + Cartola. Nas reuniões do Zicartola nasceram *shows* memoráveis, como *Rosa de Ouro* (1965) e *Opinião* (1964). Zuza Homem de Mello e Jairo Severiano dizem que ali surgiu

> uma valorosa geração de compositores ligados a
> escolas de samba, além do reconhecimento, embora tardio,
> dos mestres Cartola e Nelson Cavaquinho. Pertencem
> a esta geração nomes como Paulinho da Viola, Elton
> Medeiros e Candeia, aos quais se acrescentam os de
> Zé Kéti, vindo da década anterior, e Martinho da Vila,
> surgido em seguida. Também nessa área se fazem notar a
> partideira Clementina de Jesus [...] e as cantoras
> Elza Soares, Clara Nunes e Beth Carvalho.[33]

Com letra de Amâncio Cardoso, "Luz negra" torna-se um clássico da música popular brasileira, "exemplo perfeito do estilo trágico de Nelson Cavaquinho"[34]. O samba foi gravado por Nara Leão, em seu surpreendente disco de estreia (1964), que, numa atitude ousada, reuniu em seu repertório os sambistas Nelson Cavaquinho, Cartola e Zé Kéti aos bossa-novistas Carlos Lira, Baden Powell e Vinicius de Moraes. Em 1965, Elizeth Cardoso, a Divina, também gravou "Luz negra" no LP *Elizeth sobe o morro*, com a participação de Nelson Sargento, Paulinho da Viola e do próprio Nelson Cavaquinho.

Samba sublime e trágico, "Luz negra" é o lamento desesperado de alguém que se vê condenado à solidão: "Sempre só/ Eu vivo procurando alguém". Lamento de quem, apesar de uma busca obstinada, não encontra o amor procurado: sua vida vai chegando ao fim e ele não encontra seu amor. Esse canto agônico se tece no labirinto de uma solidão do qual o sambista não consegue sair, apesar de seu confessado esforço. Teseu sem Ariadne, o fio que poderia

---

33 Jairo Severiano e Zuza Homem de Mello, *A canção no tempo: 85 anos de músicas brasileiras*, São Paulo: Editora 34, 1998, v. 2, p. 16.

34 *Ibidem*, p. 75.

destecer seu destino infeliz seria o encontro da amada, que daria sentido à sua vida, encontro que não acontece. Ele lamenta seu infortúnio e o tempo perdido em vão.

A melodia da primeira parte acentua o sentimento de queda pelos movimentos descendentes e cromáticos do início das primeiras frases melódicas. A melodia (assim como a voz de Nelson Cavaquinho) arrasta-se de modo sublime e abissal.

Na segunda parte da canção, o sambista dá uma explicação para o seu infortúnio: "a luz negra de um destino cruel" o condena à solidão. O clima de tensão vai aumentando poética e melodicamente; a melodia vai indo para a região aguda, em movimentos ascendentes, até chegar à nota mais alta da canção, em "palhaço do amor".

Nessa estrofe, temos dois temas muito caros e presentes, desde os gregos, na tradição do pensamento ocidental: o tema do destino e o do *theatrum mundi*. Ensina a filósofa Marilena Chauí que: "A ideia de destino tem uma longa e poderosa tradição na cultura grega, manifestando-se de maneira exemplar na tragédia como força transcendente e desconhecida que dirige o agente e o pune por aquilo que o obrigou a fazer"[35]. A exemplo de *Édipo rei*, peça de Sófocles, toda a tragédia se dá porque, apesar de tudo ter sido feito para evitar que se cumprisse a desgraça anunciada pelo oráculo dos deuses, Édipo acaba por cometer os atos que buscou evitar: ele mata seu pai, casa e tem filhos com sua mãe. A profecia cumpriu-se. O destino surge como uma força transcendente, incontrolável, inexorável, força que não é possível evitar nem enfrentar.

No caso de nosso sambista, a tonalidade do trágico é bem mais amena, pois se trata de um fracasso amoroso, mas o destino é essa força maior que determina a vida solitária de um sujeito que busca incessantemente um amor. O "destino cruel" condena-o à solidão e ele nada pode fazer para evitar que isso aconteça. Voltando a Sófocles, para ilustrar essa concepção de trágico, Werner Jaeger vai dizer em *Paideia: a formação do homem grego*: "O que em Sófocles é trágico é a impossibilidade de evitar a dor. É esse o rosto inelutável do destino, do ponto de vista humano"[36]. É a impossibilidade de evitar o sofrimento que torna a situação dos personagens de Sófocles e do nosso sambista, trágica.

---

35   Marilena Chauí, *Introdução à história da filosofia, op. cit.*, p. 145.

36   Werner Jaeger, *Paideia: a formação do homem grego*, São Paulo: Martins Fontes, 2011, pp. 329-32.

Várias metáforas estão presentes nessa segunda estrofe: "luz negra", "teatro sem cor" e "palhaço do amor". "Luz negra" é um oximoro, isto é, uma figura de linguagem em que se combinam palavras de sentido oposto: luz é claridade, negra é ausência de luz, então luz negra seria a luz da escuridão, uma luz que não ilumina, o que contradiz a própria essência da luz. E essa ausência de luz "ilumina um teatro sem cor", pois o que é a cor senão a combinação de várias intensidades de luz? No escuro, as cores e as coisas desaparecem. Um véu negro vai cobrindo tudo. Essa "luz negra" é a presença da escuridão, metáfora para a solidão provocada por um destino cruel. Aqui, cabe lembrar de uns versos de Baudelaire, no poema "As trevas": "Sou qual pintor que um Deus por diversão/ Na treva faz mover os seus pincéis"[37].

Nesse teatro sombrio, o sambista representa um triste papel, o de "palhaço do amor": temos aqui novamente o *tópos* de origem estoica do teatro do mundo, presente na tradição ocidental e no cancioneiro brasileiro – a vida é uma peça de teatro, onde cada um tem que desempenhar seu papel, da melhor maneira possível. Sobre isso, Sêneca escreveu: "Nenhum desses homens que vocês veem vestidos de púrpura é mais feliz do que possas considerar um daqueles a quem, em seu papel de ator trágico, foram dados no teatro o trono e o manto; primeiro aparecem diante do público altivos e presunçosos, realçados por seus coturnos, depois, mal desceram do palco, tiram os calçados e voltam a seu tamanho normal. Nenhum daqueles que a riqueza e os cargos de honra colocam no topo é um grande homem". E "A vida é drama, em que importa não o quanto durou, mas como foi representado"[38]. Epicteto também usa a metáfora do ator: "Lembras-te que és ator de um drama, que o autor assim quer: curto, se ele é curto; longo, se ele é longo. Se é um papel de mendigo que ele quer para ti, mesmo este interpreta-o com talento [...] Pois tua tarefa é a de interpretar o personagem que te foi confiado; quanto a escolhê-lo, é fato de outro..."[39].

O tema do teatro do mundo está também presente em Cervantes, em *D. Quixote*:

---

37 Charles Baudelaire, *As flores do mal*, Rio de Janeiro: Nova Fronteira, 1985, p. 193.

38 Sêneca *apud* Olgária Matos, *"Theatrum Mundi*: filosofia e canção", *op. cit.*, p. 108.

39 Epicteto *apud* Rachel Gazolla, *O ofício do filósofo estoico*, São Paulo: Loyola, 1999, pp. 202-3.

[...] nenhuma comparação há que mais vivamente represente o que somos e o que havemos de ser, como a comédia e os comediantes. Se não, diga-me: Tu não viste representar alguma comédia em que se introduzem reis, imperadores e pontífices, cavaleiros, damas e outros personagens diversos? Um representa um patife, outro um embusteiro, este um mercador, aquele um soldado, outro um homem comum, outro um enamorado; e terminada a comédia e desnudando-se das roupas que usaram, ficam todos os atores iguais. – Sim, já vi, respondeu Sancho. Pois o mesmo – disse D. Quixote – acontece na comédia deste mundo, onde uns representam os imperadores, outros os pontífices, e finalmente, todas as figuras que se podem introduzir numa comédia, mas chegando ao fim, que é quando acaba a vida, a todos a morte lhes tira as roupas que os diferenciavam e ficam sendo iguais na sepultura.[40]

E em Shakespeare, *Macbeth*, momento antológico desse tema: "A vida não passa de uma sombra que caminha, um pobre ator que se pavoneia e se aflige sobre o palco faz isso por uma hora e, depois, não se escuta mais sua voz. É uma história contada por um idiota, cheia de som e de fúria e vazia de significado"[41].

No centro desse teatro sem luz, o poeta representa a melancólica figura de um palhaço triste. Aqui também outro oximoro, pois, o palhaço, símbolo da alegria, está representando seu oposto, a tristeza. Além da tristeza, esse palhaço se apresenta como alguém tolo, bobo, que foi enganado pela vida, pois vive procurando algo que não encontrará. Há um outro samba de Nelson Cavaquinho que se chama "Palhaço" (Nelson Cavaquinho, Oswaldo Martins e Washington) e que trata desse mesmo motivo do "palhaço triste" que chora "por alguém que não te ama", e a quem o poeta ordena que esconda sua tristeza e finja alegria: "Faça a plateia gargalhar/ Um palhaço não deve chorar". No teatro do mundo, o palhaço deve representar o seu papel, fazer os outros rirem, mesmo que esteja

---

40   Miguel de Cervantes, *D. Quixote apud* Enrique Rull, "Introducción", em: Pedro Calderón de la Barca, *El gran teatro del mundo*, coleção Clásicos Comentados, Barcelona: Debolsillo, 2005, pp. 30-1.

41   William Shakespeare, *Macbeth*, Porto Alegre: L&PM Pocket, 2009, pp. 113-4.

com o coração partido. É este o papel que lhe cabe no teatro da vida: representar bem o seu papel. Aqui se desenha também o tema da máscara: alguém que representa não aquilo que é, mas aquilo que os outros querem que ele seja. O teatro do mundo é cruel e estimula o fingimento. O palhaço triste pode ser lido como uma metáfora da condição de grande parte da humanidade, que vive representando para sobreviver, para manter seu lugar na sociedade ou apenas para não mostrar seu sofrimento.

Num outro clássico da canção popular, "Chão de estrelas" (Orestes Barbosa e Silvio Caldas), também está presente o *tópos* do teatro do mundo, o motivo do palhaço, mas com outra luminosidade: há abundância de luz – "Minha vida era um palco iluminado/ Eu vivia vestido de dourado" – e é nesse cenário resplandecente que aparece o "palhaço das perdidas ilusões", um palhaço tão triste quanto o palhaço de "Luz negra", mas enquanto em "Luz negra" o palco é império da escuridão, em "Chão de estrelas" ele é iluminado e veste-se de dourado – temos imagens do esplendor. O trágico aqui se dá pelo contraste entre a luz exterior, a aparência, e a escuridão interior, as perdidas ilusões.

A beleza e a grandeza trágica que transbordam das imagens de "Luz negra" traduzem as trevas de um destino infeliz, que condena o sujeito lírico à solidão, à ausência de amor: não adianta lutar contra o destino, força inexorável que o condena a ser refém da solidão. Só lhe resta o lamento de um sambista, arranhando o violão e cantando com sua voz rouca e desesperada. Como nos versos ditos por Virgílio, em *A divina comédia*: "Somos por essa causa, essa somente perdidos,/ mas nossa pena é só esta:/ sem esperança, ansiar eternamente"[42].

"RUGAS", "DEGRAUS DA VIDA", "FOLHAS SECAS", "PRANTO DE POETA"...

"Rugas", samba de Nelson Cavaquinho e Augusto Garcez, foi gravado pela primeira vez em 1946 por Ciro Monteiro. Conta Cavaquinho: "É uma das músicas que o Vinicius de Moraes e o Carlos Jobim, quando me encontram, pedem que eu cante para eles".

---

42 Dante Alighieri, *A divina comédia*, "Inferno", Canto III, 9 *apud* Newton Bignotto, "A condição humana", em: Adauto Novaes (org.), *Poetas que pensaram o mundo*, São Paulo: Companhia das Letras, 2005, p. 107.

O samba começa com um motivo muito presente no cancioneiro popular: para ser feliz, é preciso não pensar, pois "Se eu for pensar muito na vida, morro cedo, amor". Esse motivo, que pode ser lido como uma variação do tema "Beber para esquecer", nos diz que só através do esquecimento é possível alcançar alguma forma de felicidade. Esta será então muito frágil porque é impossível não pensar. Qual outro sentido esse verso revela? Que a vida é difícil e triste, que em seu peito ele tem "acumulado tanta dor". A existência do cantor é sofrida e, conforme o tempo passa, sua dor aumenta. A memória é fonte de desgosto. E aí vem um verso que me impressionou muito: "As rugas fizeram residência no meu rosto". Fazer residência: habitar de forma permanente na sua face. Toda a dor represada no peito é revelada pelas rugas que aparecem no seu rosto. Ele quer esconder a dor, mas não consegue. Ela se espraia pela pele do rosto. Ele esconde seu sofrimento, não chora, não revela a ninguém seu desgosto. Novamente surge o tema do fingimento, da dissimulação: a máscara encobre a dor que, no entanto, é revelada pela presença das rugas. Estamos aqui nos movimentando nas águas da velhice: memórias tristes, rugas que são sinais não só do tempo, mas também do sofrimento.

Ocultar a dor do olhar do outro, não querer que ninguém veja a sua tristeza, reflete um certo pudor, vergonha em se sentir abatido, derrotado pela vida e, ao mesmo tempo, coragem, força e dignidade diante do infortúnio, suportando a dor sozinho, tema acentuadamente estoico.

Na primeira estrofe do samba, o sujeito lírico nos revela que sua vida é triste, que suas memórias são dolorosas, que as rugas expressam a dor que ele quer esconder, que não quer que os outros vejam. As rugas revelam também que ele já viveu muito, pois são marcas do tempo imprimidas em sua face, marcas da velhice, da dor. Ou, como disse o poeta espanhol Quevedo, rugas da fronte são "sulcos do curso do tempo e marcas de seus passos"[43].

Simone de Beauvoir, em *A velhice*, reflete sobre essa difícil fase da existência humana, que é tema de inúmeras canções de Nelson Cavaquinho. Recorrendo a citações de filósofos, poetas, romancistas, artistas, da Antiguidade até o século XX, ela ilustra uma quase história da velhice através dos tempos. Digo quase porque ela não teve a pretensão de escrever uma genealogia.

---

43   *Apud* Simone de Beauvoir, *A velhice*, São Paulo: Difusão Europeia do Livro, 1970, v. 1, p. 191.

Último degrau

Em "Degraus da vida" (Nelson Cavaquinho, César Brasil e Antonio Braga), o sambista lamenta a aproximação do fim de sua existência – "Sei que estou no último degrau da vida, meu amor" – e a impossibilidade de esquecer seu passado. Comparando a existência a uma escada, a velhice é o "último degrau": depois dela, virá a morte. Diz Simone de Beauvoir: "A lei da vida é mudar. O que caracteriza o envelhecimento é um certo tipo de mudança irreversível e desfavorável, um declínio"[44]. A velhice é algo esperado, faz parte de nossa condição, no entanto, quando chega, nos causa surpresa e tristeza. Talvez porque ela nos coloque face a face com a morte, com o fim que virá logo a seguir. E também pelo declínio de nosso vigor e beleza. Ninguém envelhece de repente. No entanto, nos assustamos com a sua chegada: "Viveste como se fosses viver para sempre, nunca te ocorreu a tua fragilidade", nos alerta Sêneca[45]. Também nesse sentido, o pintor Delacroix disse: "Esta singular discrepância entre a força do espírito, consequência da idade, e o enfraquecimento do corpo, que daí também decorre, impressiona-me sempre e parece-me uma contradição nos decretos da natureza"[46]. Delacroix vê uma contradição entre a sabedoria que o homem adquire com a experiência e o passar dos anos e a fragilidade de sua condição física.

Tanto em "Rugas" como em "Degraus da vida", vemos que o poeta sofre com a chegada da velhice e com a lembrança do passado. A memória aparece como fonte de sofrimento, pois revela um momento perdido que não voltará mais. E, também, porque guarda lembranças dolorosas. Como o futuro vai se tornando cada vez menor, o passado ameaça invadir o ser do poeta. Aristóteles, falando da velhice, disse: "Vivem mais de recordações"[47]. Para Sêneca, a recordação não é fonte de tristeza, muito pelo contrário, é como um porto seguro, algo que possuímos e não está sujeito nem ao tempo, nem aos golpes da fortuna: "Esta é a parte sagrada de nossa vida, que ultrapassa todos os reveses humanos, que não pertence ao destino e que não pode ser atingida pela miséria, pelo medo, nem pelo ataque das doenças. Não se pode incomodá-la, nem tirá-la de quem

---

44   *Ibidem*, p. 15.

45   Lucio Anneo Sêneca, *Sobre a brevidade da vida*, Porto Alegre: L&PM, 2006, p. 31.

46   Simone de Beauvoir, *A velhice, op. cit.*, v. 1, p. 36.

47   *Apud ibidem*, p. 124.

a possui: a sua posse é perpétua e intrépida"[48]. Mas, nos sambas de Nelson Cavaquinho, a memória é um receptáculo da dor, é uma sucessão de lembranças tristes. Não é fonte de júbilo.

Nos dois sambas, o sujeito lírico luta para não ser tragado pelo passado, para não se entregar às tristes recordações. Esse passado que ele não consegue esquecer está ligado à sua juventude: "Foram-se meus vinte e cinco anos de idade/ Já vai muito longe a minha mocidade" ("Degraus da vida"). E, por isso, ele chora. Em "Rugas", a lágrima represada transforma-se nas rugas que fizeram residência no rosto do sambista. Escreveu o poeta Horácio: "Chega a triste velhice, expulsando os doidos amores e o sono frágil"[49]. E Ovídio, como também muitos outros, vê no tempo e na velhice uma força demolidora: "Ó tempo devastador, e tu, velhice invejosa, juntos destruís todas as coisas e, com vossos dentes lentamente roendo, lentamente, tudo acabais consumindo"[50].

O filósofo renascentista Montaigne disse: "Seria bom ficar velho se só caminhássemos para o aperfeiçoamento. É um movimento ébrio, hesitante, vertiginoso, informe ou semelhante ao de varetas que o ar maneja casualmente, a seu talante"[51]. E também em seus *Ensaios*, escreve um capítulo inspirado em Cícero: "De como filosofar é aprender a morrer".

Em seus sonetos, Shakespeare fala da velhice como um triste declínio: "O tempo ora confunde todo bem que fez;/ Destrói a mocidade o brilhante ornamento/ Cavando sulcos mil na face da beleza"[52]. Vida breve, arte longa, tema tão caro à nossa cultura.

Diz Simone de Beauvoir: "Nunca e em nenhum outro escritor, a velhice ocupou tanto lugar e foi tão enaltecida quanto na obra de Victor Hugo. [...] Conhece-se sua predileção pelas antíteses: uma das que ele explorou com mais prazer foi aquela que opõe um corpo deformado a uma alma sublime: a velhice é uma de suas encarnações. Existe um contraste romântico entre um corpo enfraquecido e um coração indomável"[53].

---

48   Lucio Anneo Sêneca, *Sobre a brevidade da vida*, op. cit., p. 50.

49   *Apud* Simone de Beauvoir, *A velhice*, op. cit., v. 1, p. 136.

50   *Apud ibidem*, p. 137.

51   *Apud ibidem*, pp. 178-9.

52   *Apud ibidem*, pp. 184-5.

53   *Ibidem*, p. 230.

"A idade se apodera de nós de surpresa", diz Goethe[54]. Apesar de ser nosso destino, quando a velhice chega, ela nos deixa surpresos: "Eu não pensava que isso iria acontecer. Nunca acreditaria que isso aconteceria um dia"[55]. Por isso, dirá Chateaubriand, que "a velhice é um naufrágio"[56]. As pessoas velhas sentem uma inadequação com elas próprias. "Em que rosto ficou perdida minha face", dirá Cecília Meireles[57]. O trágico para o velho consiste muitas vezes em querer o que já não é possível obter, a juventude: "Sinto uma lágrima a rolar sobre o meu rosto/ É tão grande o meu desgosto".

Mas até que ponto a memória pode, de algum modo, recuperar o tempo perdido? Se, por um lado, a memória é, no dizer de Santo Agostinho, um "enorme palácio" onde guardamos nossas recordações[58], por outro, a própria memória nos induz ao esquecimento, pois não é possível gravarmos tudo o que nos aconteceu. Muitos acontecimentos são esquecidos ou substituídos por outros. Além disso,

> As imagens de que dispomos não possuem nem de longe a mesma riqueza de seu objeto. A imagem é o objeto ausente visto através de um *analogon* orgânico e afetivo. Existe nela, segundo a expressão de Sartre, "uma espécie de pobreza essencial". [...] A imagem não obedece forçosamente ao princípio de identidade; apresenta o objeto em sua generalidade e se oferece num tempo e espaço irreais.[59]

Beauvoir nos diz que os idosos se deparam com "um futuro limitado e um passado cristalizado"[60]. O filósofo Rousseau, aos 64 anos, narrando um passeio, escreve em suas *Rêveries*:

---

54   *Apud idem*, *A velhice*, São Paulo: Difusão Europeia do Livro, 1970, v. 2, p. 7.

55   Lucio Anneo Sêneca, *Da tranquilidade da alma*, Porto Alegre: L&PM, 2009, p. 70.

56   *Apud* Simone de Beauvoir, *A velhice*, *op. cit.*, v. 2, p. 25.

57   Cecília Meirelles, "Retrato", em: *Obra poética*, Rio de Janeiro: Nova Aguillar, 1977, p. 89.

58   Santo Agostinho, *Confissões*, São Paulo: Penguin Classics; Companhia das Letras, 2017, Lv. X, p. 260.

59   Simone de Beauvoir, *A velhice*, *op. cit.*, v. 2, pp. 100-1.

60   *Ibidem*, p. 117.

O campo ainda verde e vicejante, porém desfolhado em parte e já quase deserto, oferecia por toda parte a imagem da solidão e da aproximação do inverno. De seu aspecto resultava uma impressão ao mesmo tempo doce e triste, por demais análoga à minha idade e ao meu destino, para que não a aplicasse a mim. Via-me no declínio de uma vida inocente e infortunada, com a alma ainda cheia de sentimentos fortes e o espírito ainda ornado com algumas flores, mas já murchas de tristeza e dessecadas pelos desgostos. Sozinho e abandonado, sentia vir o frio dos primeiros gelos e minha imaginação enfraquecida não mais povoava minha solidão com seres formados segundo o desejo do meu coração.[61]

Aqui Rousseau faz, num pequeno e poético balanço de sua vida, um relato da chegada da velhice e da solidão e do abandono a que se vê reduzido. Como diz o samba, ele sabe que está "no último degrau da vida", "o declínio de uma vida inocente e infortunada"; como no samba, ele está "envelhecido, acabado". O tema da velhice e seus dilemas atravessa séculos e promove esse diálogo entre a filosofia, a literatura, a pintura, a canção. Apesar de Epicuro ter dito que "ninguém hesite em se dedicar à filosofia enquanto jovem, nem se canse de fazê-lo depois de velho, porque ninguém jamais é demasiado jovem ou demasiado velho para alcançar a saúde do espírito. Quem afirma que a hora de dedicar-se à filosofia ainda não chegou, ou que ela já passou, é como se dissesse que ainda não chegou ou já passou a hora de ser feliz"[62], eu acredito que a proximidade da morte é um convite a filosofar, a pensar no sentido de nossa existência, no sentido de nossa vida. A meditarmos sobre a morte. Até quando viveremos? O que acontecerá conosco quando morrermos? Mergulho no nada? Quem somos? De onde viemos? Para onde vamos? Tudo isso ecoa mais fortemente em nosso ser, pois fatalmente a morte nos acontecerá e se aproxima com a chegada da velhice.

---

61 Jean-Jacques Rousseau, "Segunda caminhada", em: *Os devaneios do caminhante solitário*, Brasília: UnB, 1995, p. 32.

62 Epicuro, *Carta sobre a felicidade (a Meneceu)*, São Paulo: Unesp, 2002, p. 21.

Muitos velhos se entregam à melancolia e à nostalgia. Disse Aristóteles: "Eles não sabem mais rir"[63]. "A tristeza das pessoas de idade", comenta Beauvoir, "não é provocada por acontecimentos ou circunstâncias singulares: confunde-se com o tédio que os devora com o amargo e humilhante sentimento de inutilidade e de solidão no seio de um universo que para eles só tem indiferença."[64]

A ideia de que a velhice traz serenidade, diz ela, é descartada quando se vê o modo como os velhos são tratados e se sentem no mundo: "O adulto vem, desde a Antiguidade, tentando encarar a condição humana através de um prisma otimista; atribui às idades que não eram a sua as virtudes que ele não possuía: inocência às crianças e aos velhos serenidade"[65]. Claro que há diferentes modos de encarar essa fase de nossa vida, mas não é possível só lhe atribuir coisas boas, como se não fosse um momento de dificuldade. É uma fase difícil e irreversível no caminho de nossa existência. Disse Flaubert: "O futuro nada de bom me oferece e o passado me devora. Sinal de velhice e decadência"[66]. E Chateaubriand: "O tempo tomou minhas mãos entre as suas. Nestes desfloridos dias, nada mais há para colher"[67].

No prefácio de seu livro, Simone de Beauvoir cita a estória de Sidharta:

> Quando Buda ainda era o príncipe Sidharta, encerrado por ordem de seu pai em magnífico palácio, daí escapou várias vezes a fim de passear de carruagem pelos arredores. Encontrou logo da primeira vez um homem doente, desdentado, todo encarquilhado e encanecido, alquebrado, apoiando-se numa bengala, tartamudeante e trêmulo. Espantou-se e o cocheiro explicou-lhe o que vinha a ser um velho. E o príncipe exclamou: "Que desgraça é não enxergarem a velhice os seres fracos e ignorantes, ébrios do orgulho da juventude! Voltemos depressa para casa. De que valem folguedos e alegria se a velhice já habita em mim!".[68]

---

63   *Apud* Simone de Beauvoir, *A velhice, op. cit.*, v. 2, p. 212.

64   *Ibidem*, p. 213.

65   *Ibidem*, p. 237.

66   *Apud ibidem*, p. 107.

67   *Apud ibidem*, p. 196.

68   Simone de Beauvoir, *A velhice, op. cit.*, v. 1, p. 5.

Pensar sobre a velhice, aceitar nosso destino humano, ajuda-nos a atravessar essa fase da vida e a ter consciência de nossa finitude. Os sambas de Nelson Cavaquinho são um modo de refletirmos sobre isso e quebrarmos o silêncio que envolve esse tema. Nos irmanamos na alegria e também na angústia de nossa condição. Diz Beauvoir: "É exatamente esta a razão pela qual estou escrevendo este livro: quebrar a conspiração do silêncio"[69]. Tanto a velhice quanto a morte parecem algo que só acontecem aos outros. Cantar ou ouvir Nelson Cavaquinho nos ajuda a nos aproximarmos dessa fase da existência. Catarse ou meditação, o tema da velhice e da morte entra na roda de samba.

Na segunda parte de "Rugas", o sujeito lírico nos conta que sempre soube esconder a sua dor e que ninguém nunca o viu chorar. Ele se finge de alegre para que ninguém veja seu pranto. E a frase final do samba é surpreendente e antológica no cancioneiro: "Feliz aquele que sabe sofrer". Por que surpreendente? Porque estamos acostumados a pensar na felicidade como alegria, prazer, ausência de sofrimento. Nesse sentido, creio que somos herdeiros dos epicuristas, para quem "o prazer é o início e o fim de uma vida feliz", como diz Epicuro em *Carta sobre a felicidade*[70]. E aqui o sambista nos diz que felicidade é aprender a sofrer. Não se trata de evitar ou fugir do sofrimento, mas sim de aprender a viver com ele. Então, fica implícito que não se pode evitar o sofrimento porque ele faz parte da vida. O que nos cabe é aceitá-lo, aprender a conviver com ele. Essa máxima moral é acentuadamente estoica. O estoicismo, além de uma filosofia, é um modo de vida, constituído por uma série de ensinamentos que tem como objetivo o bem viver, a felicidade. Um dos elementos que caracteriza essa filosofia é a *ataraxia*, que significa ausência de perturbação e de agitação; calma, tranquilidade, impassibilidade diante da dor. O estoico tem como um de seus significados ser impassível ante a dor e o sofrimento, ter resignação diante do infortúnio. Então, felicidade não é prazer, ausência de dor, mas sim aprender a conviver com o sofrimento. Feliz é o sábio que deve sua tranquilidade a querer o que acontece, como acontece e quando acontece. Ele vive de acordo com a natureza. Se o que acontece é o sofrimento, ele se resigna. Diz Sêneca em *Da felicidade*:

---

69   *Ibidem*, p. 6.
70   Epicuro, *op. cit.*, p. 37.

É estupidez e falta de consciência da própria condição aflígir-nos quando nos falta algo ou somos atingidos de forma mais violenta por adversidades. Da mesma forma, ficar indignados com coisas que ocorrem tanto para os bons quanto para os maus, como doenças, luto, fraquezas e os demais infortúnios da vida humana. Devemos saber suportar com espírito forte tudo que por lei universal nos é dado a enfrentar. É nossa obrigação suportar as condições da vida mortal e não nos perturbarmos com o que não está em nosso poder evitar.[71]

E ainda: "Feliz é aquele que, satisfeito com sua condição, desfruta dela"[72]. "Feliz aquele que sabe sofrer", canta Nelson Cavaquinho.

Sei que vou sentir saudade

Em "Degraus da vida" e "Folhas secas", o tema da velhice nos leva ao da meditação sobre a morte. O "último degrau" nos conduz ao fim da existência: "Sei que estou no último degrau da vida, meu amor/ Já estou envelhecido, acabado". As "folhas secas" de uma mangueira caídas no chão são fragmentos da morte, da ausência de vida, pois são folhas secas, sem seiva, já se soltaram do caule. Esse caminhar sobre as folhas faz o sambista pensar na sua escola de samba, sua Mangueira querida. Pisando nessas folhas secas, ele se lembra de quantas vezes subiu o morro, debaixo do sol, cantando, momentos solares e vibrantes. Diz Nuno Ramos, no ensaio "Rugas": "Para Nelson, o perdido é perdido e não retorna – não há conciliação, mas queixa, espanto, estupor. [...] as folhas secas caídas de uma mangueira, em que o compositor pisa, fazem pensar na escola; as melodias, quase literalmente, sobem e descem, como passos da cruz ou do morro"[73].

Na segunda parte do samba, o tema da meditação sobre a morte se explicita, pois, canta o sambista, quando o tempo o avisar que ele não poderá mais cantar, "Sei que vou sentir saudade/ Ao lado do meu violão, da minha mocidade".

---

71   Lucio Anneo Sêneca, *Da felicidade*, Porto Alegre: L&PM, 2009, pp. 114-5.

72   *Ibidem*.

73   Nuno Ramos, "Rugas: sobre Nelson Cavaquinho", *Serrote*, n. 1, mar. 2009, p. 16.

O canto aqui é força da vida, exuberância, e o silêncio, fim da existência. Então, há uma meditação que é uma preparação para a morte, no sentido que o filósofo renascentista Montaigne escreveu em seu ensaio "De como filosofar é aprender a morrer"[74]. Montaigne fala da necessidade de uma antecipação mental da morte, de uma premeditação, como um modo de preparação para sua chegada. Essa preparação eliminaria o temor da morte, o que é necessário para uma boa condução da vida. Essa preparação é uma reflexão moral, pois busca o bem viver dos homens. Este é o ensaio considerado clássico sobre a filosofia da morte em Montaigne. O título desse ensaio ("De como filosofar é aprender a morrer") foi inspirado numa máxima antiga: "Diz Cícero que filosofar não é outra coisa senão preparar-se para a morte"[75].

Como bem mostrou Ivan Cleber Lopes dos Santos[76], Montaigne destaca três aspectos da morte: ela é inevitável, universal e imprevisível. Por ser inevitável, distingue-se de outros males que assolam a humanidade, como a pobreza e a doença, que o filósofo considera, ao lado da morte, os principais adversários do homem.

Todas as filosofias recomendam desprezar a dor, a doença e outros males que podem nos acontecer ou não, diz Montaigne. Além disso, podemos pôr um fim a eles através do suicídio. Mas a morte é inevitável. Há quem passe pela vida sem ter sentido dor ou necessidade, mas da morte este alguém não escapará. E este é seu segundo aspecto: a morte é universal. Seja rico ou pobre, velho ou moço, ela virá para todos.

O aspecto inevitável e universal da morte são as principais causas do grande temor que ela inspira: ainda que se possa viver sem dores e sem necessidades, como será possível viver uma boa vida sabendo que a morte nos espreita a qualquer momento e que não pode ser vencida? Causando grande temor, a morte torna nossa vida muito desconfortável, pois ela pode chegar a qualquer momento, e é certo que chegará. Mas não sabemos quando. E, assim,

---

74   Michel de Montaigne, *Ensaios, op. cit.*, cap. XX: "De como filosofar é aprender a morrer", p. 48.

75   *Ibidem.*

76   Ivan Cleber Lopes dos Santos, "A preparação para a morte em Michel de Montaigne: uma leitura do ensaio 'Que filosofar é aprender a morrer'", *Argumento*, n. 13, 2016, pp. 51-64.

Montaigne indica outro aspecto da morte: sua imprevisibilidade: "Não sabemos onde a morte nos aguarda, esperemo-la em toda parte. Meditar sobre a morte é meditar sobre a liberdade; quem aprendeu a morrer, desaprendeu de servir; nenhum mal atingirá quem na existência compreendeu que a privação da vida não é um mal; saber morrer nos exime de toda sujeição e constrangimento"[77].

A morte, além de inevitável e universal, é também imprevisível: ela pode nos surpreender de diversas maneiras, não escolhendo hora, nem lugar, nem circunstância. E isso gera medo. E esse medo é o mal que precisamos superar: o medo é o grande inimigo a ser vencido, diz Montaigne. Diante disso, precisamos superar o medo da morte, pois, se não for assim, não conseguiremos viver uma boa vida: "A meta de nossa existência é a morte; é este o nosso objetivo fatal. Se nos apavora, como poderemos dar um passo à frente sem tremer?"[78].

Para Montaigne, a meditação sobre a morte é um bom caminho para superar o temor que ela nos inspira: "Não há nada que minha imaginação vasculhe mais do que a ideia da morte, e isso desde sempre, mesmo no período de minha vida em que mais me dediquei aos prazeres"[79]. A consequência de pensar constantemente na morte, ensina o filósofo, é a tranquilidade e a preparação para o momento em que ela chegar: "Aprender a morrer seria, portanto, ter consciência de que a morte é inevitável e ter a capacidade de antecipar a sua imprevisibilidade"[80]. "Se a morte fosse um inimigo suscetível de se evitar", escreve Montaigne,

> aconselharia a agir diante dela como um covarde diante do perigo; mas, em não sendo isso verdade, e atingindo ela infalivelmente os fugitivos [...], aprendamos a esperá-la de pé firme e a lutar. Para começar a despojá-la da vantagem maior de que dispõe contra nós, tomemos por caminho inverso ao habitual. Tiremos dela o que tem de estranho; pratiquemo-la, habituemo-nos a ela, não pensemos em outra coisa; tenhamo-la a todo instante presente em

---

77   Michel de Montaigne, *Ensaios*, *op. cit.*, p. 51.

78   *Ibidem*, p. 49.

79   *Ibidem*, p. 51.

80   Ivan Cleber Lopes dos Santos, *op. cit.*, p. 58.

> nosso pensamento e sob todas as suas formas [...]
> lembremo-nos sem cessar que somos mortais e não nos
> entreguemos tão inteiramente ao prazer que não nos sobre
> tempo para recordar que de mil maneiras nossa alegria
> pode acabar na morte, nem em quantas circunstâncias ela
> sobrevém inopinadamente.[81]

Aquele que não tem a morte sempre presente em seu pensamento, que não se prepara, será pego por ela desprevenido, de surpresa, diz o filósofo. Aquele que medita constantemente nela, em contrapartida, mesmo que seus planos não possam ser concluídos, saberá aceitar, pois já tinha consciência da sua imprevisibilidade. E isso lhe trará tranquilidade: "Vamos agir, portanto, e prolonguemos os trabalhos da existência quanto pudermos, e que a morte nos encontre a plantar as nossas couves, mas indiferentes à sua chegada e mais ainda ante as nossas hortas inacabadas"[82].

Para Montaigne, a preparação mental da morte ajuda a amenizar o golpe dado por ela no momento em que chega, pois, se não estivermos preparados, o sofrimento será maior. Portanto, a antecipação mental da morte, a preocupação em se manter preparado para esse inevitável fim tem, de forma paradoxal, o benefício de nos dar uma despreocupação, ou seja, já estaremos suficientemente preparados no momento em que a morte vier e não haverá mais espaços para grandes surpresas, a não ser a surpresa incontornável do momento final.

A morte faz parte de nossa natureza:

> A natureza nos ensina: saís deste mundo como
> nele entrastes. Passastes da morte à vida sem que fosse
> por efeito de vossa vontade e sem temores; tratai de
> vos conduzirdes de igual maneira ao passardes da vida
> à morte; vossa morte entra na própria organização do
> universo: é um fato que tem seu lugar assinalado no
> decurso dos séculos [...] Mudarei para vós esse belo

---

81   Michel de Montaigne, *Ensaios, op. cit.*, pp. 50-1.

82   *Ibidem*, p. 52.

entrosamento das coisas? Morrer é a própria condição de vossa criação; a morte é parte integrante de vós mesmos. A existência de que gozais participa da vida e da morte a um tempo; desde o dia de vosso nascimento caminhais concomitantemente na vida e para a morte.[83]

A natureza nos mostra que morte e vida estão entrelaçadas, e tem uma relação cíclica onde uma é origem da outra: "Nossa vinda ao mundo foi para nós a vinda de todas as coisas; nossa morte será a morte de tudo. Lastimar não mais viver dentro de cem anos é tão absurdo quanto lamentar não ter nascido um século antes"[84].

Devemos entender a morte como algo presente na vida, ensina o filósofo. Estando preparados para enfrentá-la, o temor deixa de ter sentido; ela não será mais um mal, será algo natural: passamos da infância à maturidade, depois à velhice e finalmente à morte. "Sei que estou no último degrau da vida, meu amor", canta Nelson Cavaquinho. Devemos aceitar isso com naturalidade, nos diz Montaigne. Se ela vem de forma repentina, não haverá tempo para sofrimento, se vier lentamente, perderemos o gosto pela vida e a morte será natural.

Por temor à morte, muitas pessoas preocupam-se com a duração de sua vida e não com a qualidade de seu viver, diz o filósofo: "Qualquer que seja a duração de vossa vida, ela é completa. Sua utilidade não reside na duração, e sim no emprego que lhe dais. Há quem viveu muito e não viveu. Meditai sobre isso enquanto o podeis fazer, pois depende de vós, e não do número de anos, terdes vivido bastante. Imagináveis então nunca chegardes ao ponto para o qual vos dirigíeis? Haverá caminho que não tenha fim?"[85]. Morrer é consequência de estar vivo. Eliminar o temor que a morte provoca é condição para uma vida serena. Ainda que não seja possível eliminar esse temor completamente, a premeditação da morte é, sem dúvida, um meio para termos uma vida mais feliz, mais tranquila, pois aprender a morrer é também aprender a viver.

---

83 *Ibidem*, p. 53.

84 *Ibidem*.

85 *Ibidem*, p. 54.

A presença marcante da morte nos sambas de Nelson Cavaquinho pode, então, ser lida como uma preparação para a morte, tal como preconizada por Montaigne: tendo a morte sempre presente em nosso pensamento, estaremos nos preparando para sua chegada fatal. Alguns sambas teriam, então, este dom, o de nos preparar para enfrentarmos a morte, o fim da nossa existência: "Vivo tranquilo em Mangueira porque/ Sei que alguém há de chorar quando eu morrer" ("Pranto de poeta", Nelson Cavaquinho e Guilherme de Brito); "Sei que amanhã, quando eu morrer/ Os meus amigos vão dizer/ Que eu tinha bom coração" ("Quando eu me chamar saudade", Nelson Cavaquinho e Guilherme de Brito); "Quando o tempo me avisar/ Que eu não posso mais cantar" ("Folhas secas", Nelson Cavaquinho e Guilherme de Brito); "Sei que estou no último degrau da vida, meu amor/ Já estou envelhecido, acabado" ("Degraus da vida", Nelson Cavaquinho, César Brasil e Antonio Braga). Diferentemente do filósofo, Nelson Cavaquinho não tem o propósito de nos ensinar como enfrentar a morte. Seus sambas não são os de uma alma tranquila, são tristes e, alguns, desesperados: "Sinto uma lágrima a rolar sobre o meu rosto/ É tão grande o meu desgosto". Ainda assim, através da presença constante da morte no pensamento e no coração, eles acabam por ser uma meditação e nos ensinar que precisamos enfrentar a morte, que ela faz parte da vida. A presença constante da "indesejada das gentes" nos sambas de Nelson Cavaquinho faz com que a tenhamos presente em nosso imaginário e, como nos ensinou o filósofo, nos prepara para a sua chegada. E assim, cantando, nos preparamos para enfrentar a morte, o que é um modo de aprender a viver. Diferentemente do filósofo, dos sambas de Nelson Cavaquinho brotam lágrimas. Mas ele as acolhe, acolhe a dor e a tristeza que vem da finitude, da impermanência.

A filosofia moral presente nesses sambas tem a força da expressão sincera do vivido, filosofia que brota do cotidiano. O sambista nos ensina através de sua experiência, com franqueza, com sinceridade, como é a vida e nos conta suas alegrias e frustrações, esperanças e dilemas. A filosofia que emana do samba tem um modo diferente daquela que é escrita, que é para ser lida, como a que foi escrita por Montaigne. A canção tem uma imediatez, uma explosão de sensibilidade, e é nesse processo ígneo entre o cantor e seu ouvinte que se dá o conhecimento, a transmissão da experiência da vida.

Também no poeta Manuel Bandeira a presença da morte pode ser lida como uma preparação para o encontro fatal. Em "Profundamente", o poeta pergunta pelos seres queridos que já morreram e que estavam, no passado, numa de festa de São João, festa alegre, com fogueira e balões, música: "Onde estão todos eles?/ – Estão todos deitados/ Dormindo / Profundamente"[86]. Configura-se aqui o *tópos* do *Ubi sunt? – Onde estão?*, motivo recorrente na literatura, pergunta que indaga onde estão todos aqueles que morreram: "Pergunta que ficou ecoando através do tempo – quase sempre sem resposta –, para ilustrar-lhe exatamente o papel devastador, a fugacidade do homem e das coisas e a fragilidade de toda glória terrena", escreve Davi Arrigucci Jr.[87], e continua "o tópico do *Ubi sunt?* poderia ser visto, talvez, num quadro mais amplo, como um modo de aprender a morrer, anunciando neste sentido aquilo que a filosofia moral assumiu um dia para Montaigne: '*Que philosopher c'est apprendre à mourir*'"[88].

O crítico Augusto Meyer, no ensaio "Pergunta sem resposta", diz que o *tópos* do *Ubi sunt?*, tão presente na poesia medieval, que trata da evanescência das coisas – onde estão as pessoas?, onde estão os momentos vividos? –, toca no tema da vida como sonho, pois a fugacidade do que vivemos, sua transformação em memória, em imagens, faz com que se torne aguda a pergunta: "Ai de mim, onde estão tantos anos que se foram?/ Terei sonhado ou vivido a minha vida?", escreve o poeta Walther von der Vogelweide, citado por Augusto Meyer[89].

> Em diversos poemas de Bandeira, a ruptura dos laços
> afetivos do Eu com o mundo de seu passado, determinada
> pela perda de seus entes queridos, é sentida como uma
> antecipação da morte do próprio sujeito, identificado
> com seus mortos, ou apresentada como uma sensação de
> morte em vida, até mesmo de inumação em vida, ou ainda,
> ao contrário, experimentada sob a forma do sentimento
> de divisão do ser e de perda de si mesmo. Assim, por
> exemplo, no "Poema de finados" [...]: "Amanhã que é dia

---

86   *Apud* Davi Arrigucci Jr., *Humildade, paixão e morte: a poesia de Manuel Bandeira*, São Paulo: Companhia das Letras, 1990, p. 202.

87   *Ibidem*, p. 217.

88   *Ibidem*, p. 222.

89   Augusto Meyer, *Ensaios escolhidos*, Rio de Janeiro: José Olympio, 2007, pp. 37-8.

dos mortos/ Vai ao cemitério. Vai/ E procura entre as sepulturas/ A sepultura de meu pai/ [...] O que resta de mim na vida/ É a amargura do que sofri./ Pois nada quero, nada espero./ E em verdade estou morto ali".[90]

Esta aproximação entre Nelson Cavaquinho e Manuel Bandeira se dá pela presença do tema da morte e também pelo "traço distintivo fundamental da forma de expressão madura do poeta – a simplicidade natural"[91]. Essa simplicidade tem relação "com a atitude de humildade diante da vida e da poesia"[92]. Essa simplicidade, essa humildade diante do samba e da vida são traços da lírica de Nelson Cavaquinho.

Em "Luto", Nelson Cavaquinho canta: "Eu também já fui feliz até que um dia/ O luto envolveu minha alegria". Diz Freud, em *Luto e melancolia*, que "o luto é a reação à perda de uma pessoa amada [...]"[93]. O sambista pede silêncio em respeito à dor do luto. A dor da perda, a tristeza que se abate sobre o cantor faz com que nesse momento a vida perca o interesse. Tudo é falta e dor. E ele descreve seu estado: "A minha mágoa quase deformou meu rosto". A mágoa por ter perdido alguém amado, a falta, a ausência: "Não cante agora que é demais a minha dor". Cavaquinho descreve o estado de alguém enlutado: tristeza, silêncio, fechamento para a vida. Ele, que é um cantor, pede silêncio. Há um tempo para viver o luto, para se acostumar com o golpe da perda, para acalmar o abalo que a existência sofre quando um ser amado morre. Aqui é a morte do outro o motivo do sofrimento e o luto será uma meditação sobre a morte, pois aquele outro era como se fosse uma parte do poeta e, além disso, quando alguém morre, sofremos por esse alguém e também pensamos em nossa morte: inevitável, imprevisível e universal, a morte a todos aguarda. A morte de um ser amado é uma morte dupla: a morte daquela pessoa e da parte do nosso mundo que ela carrega consigo, pois, quando alguém querido morre, leva também parte de nossa vida, morremos um pouco com ele. O enlutado

---

90   Davi Arrigucci Jr., *op. cit.*, p. 228.

91   *Ibidem*, p. 128.

92   *Ibidem*.

93   Sigmund Freud, "Luto e melancolia", em: *Obras completas*, São Paulo: Companhia das Letras, 2010, v. 12, p. 173.

se ausenta do mundo, fecha-se em sua dor, perde o interesse por tudo à sua volta: é como se, para se manter fiel a seu amor, morresse um pouco também, se privasse das coisas de que a pessoa amada foi privada, lhe fizesse companhia no mundo diáfano da lembrança, paralisasse o tempo no tempo da lembrança. É um morrer junto por um período, pelo período do luto.

Mostrando os pontos em comum entre o luto e a melancolia, Freud diz: "O luto profundo, a reação à perda de um ente amado, comporta o mesmo doloroso abatimento, a perda de interesse pelo mundo externo – na medida em que não lembra o falecido –, a perda da capacidade de eleger um novo objeto de amor – o que significaria substituir o pranteado –, o afastamento de toda atividade que não se ligue à memória do falecido"[94].

"Em que consiste o trabalho realizado pelo luto?", pergunta Freud. A realidade mostra que "o objeto amado não mais existe". Então é preciso ir aceitando essa nova e triste realidade, acostumar-se com a ausência da pessoa amada e, aos poucos, ir recuperando o interesse pela vida, pois, no luto, "o mundo se torna pobre e vazio"[95].

Nos sambas de Nelson Cavaquinho ("Rugas", "Folhas secas", "Degraus da vida", "Quando eu me chamar saudade", "Pranto de poeta"), o sambista sempre canta o seu próprio sentimento, a sua subjetividade: o tempo que passa, as desilusões da vida, a morte que chega, há "a presença marcante, em primeiro plano, da voz central do sujeito, que expressa seus próprios pensamentos e sentimentos, fundindo-se ao mundo pelo canto"[96]. Mesmo em luto, ele fala de seu penar, não menciona o sofrimento do ser amado. O tema do *Ubi sunt?* se coloca para ele como um modo de preparação para a morte e como um desdobramento do tema da fugacidade da vida.

Voltando a Manuel Bandeira, o poema "Consoada" é uma preparação para a chegada da "Indesejada das gentes", a morte: "Quando a Indesejada das gentes chegar/ (Não sei se dura ou caroável), /Talvez eu tenha medo/ Talvez eu sorria, ou diga:/ – Alô iniludível!/ O meu dia foi bom, pode a noite descer"[97]. A aceitação do inevitável soa tão natural quanto a chegada da noite após o dia. A poesia

---

94   *Ibidem*, pp. 175-6.

95   *Ibidem*.

96   Davi Arrigucci Jr., *op. cit.*, p. 108.

97   *Apud ibidem*, p. 257.

aqui se converte numa meditação da morte, num meio de aceitar o inevitável, de se familiarizar com isso, um dos modos aconselhados por Montaigne para vencer o temor que a morte inspira. Em "A morte absoluta", a aproximação da morte é total, vertiginosa: "Morrer./ Morrer de corpo e alma./ Completamente. [...] Morrer tão completamente/ Que um dia ao lerem o teu nome num papel/ Perguntem: 'Quem foi?...'// Morrer mais completamente ainda,/ –Sem deixar sequer esse nome"[98].

Um outro tema presente nas canções de Nelson Cavaquinho, e que é quase uma decorrência do tema da morte, é o tema do esquecimento: "Mas depois que o tempo passar/ Sei que ninguém vai se lembrar/ Que eu fui embora" ("Quando eu me chamar saudade"). Nesse samba, ele quer "as flores em vida"; depois de morto, diz o sambista, será esquecido. Não adiantarão afetos e flores, pois ele não estará mais aqui para recebê-los. É uma forma de exaltar o presente diante da consciência da morte, um certo *carpe diem* diante da consciência do fim: "Me deem as flores em vida".

Pranto em Mangueira

Em "Pranto de poeta", o sambista exalta sua escola como o lugar de sua arte e de seu afeto, sua casa: "Vivo tranquilo em Mangueira porque/ Sei que alguém há de chorar quando eu morrer". Mangueira é a escola de seu coração, é o lugar onde os poetas, a poesia e o samba são amados e eternizados. É a "Pasárgada" de Nelson Cavaquinho?: "A Mangueira me chama, eu vou/ Sempre fui o seu defensor,/ Sou um filho fiel,/ à Mangueira eu tenho amor/ (A Mangueira me chama eu vou)". Mangueira é figura materna, acolhedora, benfazeja, berço de sambas e de bambas: "Foi a Mangueira quem me deu apoio e fama/ Até hoje ela me ama" ("A Mangueira me chama", Nelson Cavaquinho, Bernardo de Almeida Soares e José Ribeiro). Mangueira é casa, é mãe, é apoio e amor. Não é o lugar da indiferença, da frieza. Em "Sempre Mangueira" (Nelson Cavaquinho e Geraldo de Queirós), o sambista canta: "Mas o sambista vive eternamente/ No coração da gente". Fonte de amor e de inspiração, Mangueira também é fonte de eternidade: não esquece seus poetas, não esquece seus sambas que vivem eternamente no coração de todos. A escola de samba querida confere eternidade

---

98   Manuel Bandeira, "A morte absoluta", em: *Poesia completa e prosa*, Rio de Janeiro: Nova Aguillar, 1977, pp. 253-4.

a seus filhos: eles podem morrer, mas sua arte continua. Para sempre. Nelson partiu, mas seus sambas continuam. Estão agora aqui.

"DUAS HORAS DA MANHÃ"

"Duas horas da manhã/ Contrariado espero pelo meu amor" (Nelson Cavaquinho e Ary Monteiro) na voz de Paulinho da Viola, gravado em 1972, no LP *Dança da solidão*[99], com o belíssimo arranjo de Lindolpho Gaya, é um samba que fala da angústia provocada pela espera do ser amado e pela incerteza, pois poderá voltar ou não. Parafraseando Sartre, quando este escreve em *Que é a literatura?* que "aquele rasgo amarelo no céu do Gólgota, Tintoretto não o escolheu para *significar* angústia, nem para *provocá-la*; ele *é* angústia, e céu amarelo ao mesmo tempo. Não céu de angústia, nem céu angustiado; é uma angústia feito coisa, uma angústia que se transformou num rasgo amarelo do céu"[100], esse samba não representa a angústia, mas é a angústia feito samba. O poeta vai "subindo o morro", triste, aguardando que o dia amanheça. Angústia, sentimento gerado pela possível perda de seu amor. O medo da falta da pessoa amada, de que ela desapareça na cidade, de que não volte mais. A luz da manhã, longe de causar alegria, é ameaçadora, pois pode revelar a ausência definitiva de seu amor, pode revelar que o sambista foi abandonado: "Eu não sei se voltará/ Ou se ela me abandonou". Medo de ser abandonado, de se sentir desamparado pela falta da mulher amada. A angústia, ensina Freud, em *Inibição, sintoma e angústia*[101], é uma reação à situação de perigo. E qual é o perigo? O perigo é que a mulher amada não volte mais. No samba, o medo que gera o afeto da angústia é o de que essa ausência seja definitiva e não passageira.

É de madrugada, duas horas da manhã: o samba se tece nesse fio tênue entre a esperança e o desespero, a noite e a manhã. Madrugada: hora do sonho e do pesadelo. Ainda é noite. Ainda não é dia. Momento de indefinição, de indeterminação, prenúncio de luz, mas ainda escuridão. Já é tarde. O sol aqui será

---

99   Paulinho da Viola, "Duas horas da manhã" (Nelson Cavaquinho e Ary Monteiro), *Dança da solidão*, EMI Records, 1972.

100   Jean-Paul Sartre, *Que é a literatura?*, São Paulo: Ática, 1999, p. 11.

101   Sigmund Freud, "Inibição, sintoma e angústia", em: *Obras completas*, São Paulo: Companhia das Letras, 2014, v. 17.

algoz. Ela ainda não voltou. Terá ido embora para sempre? A angústia revela o estado de desamparo do sambista. Angústia: um estado afetivo, um estado aflitivo, um estado de grande tensão emocional diante da ameaça da perda: "A angústia é a reação ao perigo", disse Freud, "tem uma inconfundível relação com a *expectativa*: é angústia *diante de algo*. Nela há uma característica de *indeterminação* e *ausência de objeto*"[102]. "Eu não sei se voltará/ Ou se ela me abandonou."

Na segunda parte do samba, a angústia aumenta na mesma medida em que a esperança vai diminuindo: "Parece até que o coração me diz/ Sem ela não serei feliz". Agora o sentimento de desamparo aumenta, a ausência continua. O samba acaba na expectativa de que o ser amado volte, mas a esperança é cada vez menor. Todavia, isto não é resolvido: acaba em suspenso. Assim como duas horas da manhã é um tempo indefinido – nem noite, nem dia –, a ausência também é indefinida. Tudo fica em suspenso, uma tensão que se mantém do começo ao fim do samba.

O clima de tensão e de expectativa aumenta com o expressivo arranjo de Lindolpho Gaya para essa gravação de Paulinho da Viola. O samba começa com percussão, seguido de um acorde dissonante feito pelo naipe de cordas, em seguida um acorde de violão tocado uma só vez, com efeito percussivo. Isso acontece duas vezes. Aí, entra a primeira parte do samba, violão, percussão e a voz de Paulinho da Viola. Na segunda parte, entra um naipe de cordas. A canção é repetida duas vezes, com uma única modificação: da segunda vez, logo no final da primeira frase, depois de "Duas horas da manhã", há um compasso de espera, o que aumenta a carga expressiva do sentimento de espera e a tensão. No final, Paulinho canta apenas o verso "Duas horas da manhã", e tudo fica em suspenso, um tempo de espera – percussão, violão, que dá um acorde, e um acorde dissonante feito pelo naipe de cordas. No final, fica só a percussão.

O artista plástico e ensaísta Nuno Ramos, juntamente com Eduardo Climachauska, fizeram um vídeo (*Duas horas*) com essa gravação de Paulinho da Viola[103]. O vídeo começa com o barulho da chuva e a imagem de ruas desertas e escuras, noite úmida de solidão. A câmera vai subindo a rua em *travelling*. A câmera parece o olhar do sambista procurando sua amada. Num determinado

---

102 *Ibidem*, p. 94.

103 *Duas horas*, Nuno Ramos e Eduardo Climachauska, São Paulo: Centro Cultural São Paulo, 2003, vídeo feito a partir e com a canção "Duas horas da manhã", *op. cit.*

momento, o nome do samba aparece como que no ar, em letras grandes e brancas. Um luminoso de hotel, o vazio das ruas, a chuva e a escuridão, que só não é total por causa da pouca iluminação das ruas. Tudo no samba contribui para a criação de uma atmosfera sublime e sombria, em consonância com a angústia e o medo do abandono: chuva, escuridão, rua deserta, o olhar que persegue a amada que partiu e que agora não é sequer uma sombra. No final, o dia já claro, sem chuva, planos fixos das ruas e locais coloridos, desertos e vazios, os mesmos locais que haviam sido percorridos durante a triste e angustiada madrugada chuvosa, agora iluminados. O dia amanheceu e ela não voltou. Sob o som instrumental, silencia a voz do cantor. A luz do amanhecer aqui não é motivo de alegria: a alvorada é noite no coração do sambista.

Se no samba a expectativa, embora quase finda, fragilmente se mantém, no vídeo, a mulher amada foi definitivamente embora. A luz revela a sua ausência: ilumina o vazio, luz negra.

"JUÍZO FINAL"

A escatologia, doutrina que trata do destino final do homem e do mundo, tem representações diferentes nas diversas culturas e tradições. Na tradição cristã, o fim do mundo é representado pelo julgamento final da humanidade: os bons serão conduzidos ao Paraíso, enquanto os pecadores serão atirados ao Inferno.

Tanto a literatura quanto a pintura ocidentais trataram desse tema, do destino final da humanidade. Dante (1265-1321), em *A divina comédia*[104], descreve sua viagem através do Inferno, do Purgatório e do Paraíso. Primeiramente, ele é guiado pelo poeta romano Virgílio, autor de *Eneida*, que o conduz através do Inferno e do Purgatório. Depois, é Beatriz, sua amada e musa, que o guia pelo Paraíso. Em *A divina comédia*, o tema do Juízo Final não é tratado diretamente, mas envolve toda a obra, pois trata das almas dos homens ou sofrendo suplícios pelos seus pecados, ou se purificando, ou habitando e transitando pelas esferas celestes. Erich Auerbach diz que o tema de *A divina comédia* é dos mais sublimes, por tratar do destino das almas após a morte e da justiça divina: "Os guias de Dante conduzem-no por trilhas tão estreitas que qualquer

---

104   Dante Alighieri, *A divina comédia*, Belo Horizonte: Itatiaia, 1979.

desvio seria a perdição eterna", escreve Auerbach no ensaio "A descoberta de Dante no romantismo" e, continua: "A reflexão de Dante encontra para além de toda atividade a configuração concreta e inabalável da ordem divina"[105].

Ainda nesse ensaio, Auerbach cita as preleções sobre *Estética*, em que Hegel escreveu:

> Em vez de um acontecimento específico, ele
> (o poema) tem a ação eterna, a finalidade absoluta,
> o amor divino em sua ocorrência imperecível e seus
> círculos invariáveis por objeto, por palco o inferno, o
> purgatório, o céu, e mergulha o mundo vivo da ação
> e sofrimento humanos, e, mais exatamente dos atos e
> destinos individuais, nessa existência imutável.[106]

Nas artes plásticas, a pintura *Juízo Final*, de Michelangelo (1537-41), foi realizada na parede do fundo da Capela Sistina, em Roma. Essa obra é um conjunto maravilhoso de cenas religiosas e mitológicas, inspirado em passagens de *A divina comédia*. O Cristo de Michelangelo, diferente das representações tradicionais, parece um antigo deus greco-romano e encarna o poder e a justiça divina. Há uma grande tensão entre um Deus capaz de criar e destruir e uma humanidade aflita. Cristo irá julgar os justos e os pecadores, irá decidir quem ascende aos céus e quem será lançado no Inferno, o que dá a essa cena um aspecto de horror dantesco.

Vejamos o que nos diz o *Novo Testamento* sobre o Juízo Final. No "Evangelho segundo São Mateus", 24, está escrito que, quando "Jesus saiu do Templo, e como se afastava, os discípulos o alcançaram para fazê-lo notar as construções do Templo. Mas ele respondeu-lhes: 'Vedes tudo isto? Em verdade vos digo: não ficará pedra sobre pedra: tudo será destruído'. Estando ele sentado no monte das Oliveiras, os discípulos foram pedir-lhe, em particular: 'Dize-nos quando vai ser isto, qual o sinal da tua vinda e do fim desta época?'"[107].

---

105 Erich Auerbach, "A descoberta de Dante no romantismo", em: *Ensaios de literatura ocidental: filologia e crítica*, São Paulo: Duas Cidades; Editora 34, 2012, p. 294.

106 *Ibidem*, pp. 299-300.

107 "Evangelho segundo São Mateus", 24, em: *Bíblia de Jerusalém: Novo Testamento*, São Paulo: Paulus, 2011, p. 1.746.

Jesus então descreveu uma série de tribulações que assolará a humanidade:

> Logo após a tribulação daqueles dias, o Sol escurecerá, a
> Lua não dará a sua claridade, as estrelas cairão do céu e os
> poderes dos céus serão abalados. Então aparecerá no céu
> o sinal do Filho do Homem [...] e todas as tribos da terra
> baterão no peito e verão o Filho do Homem vindo sobre as
> nuvens do céu com poder e grande glória. Ele enviará os
> seus anjos que, ao som da grande trombeta, reunirão
> os seus eleitos dos quatro ventos, de uma extremidade
> até outra extremidade do céu.[108]

Então, depois que não sobrar "pedra sobre pedra", acontecerá o julgamento, o Juízo Final:

> Quando o Filho do Homem vier em sua glória, e todos
> os anjos com ele, então se assentará no trono de sua glória.
> E serão reunidas em sua presença todas as nações e ele
> separará os homens uns dos outros, como o pastor separa
> as ovelhas dos bodes, e porá as ovelhas à sua direita e os
> bodes à sua esquerda. Então dirá o rei aos que estiverem
> à sua direita: "Vinde, benditos de meu Pai, recebei por
> herança o Reino preparado para vós desde a fundação do
> mundo. Pois tive fome e me destes de comer. Tive sede, e
> me destes de beber. Era forasteiro e me acolheste. Estive
> nu e me vestistes, doente e me visitastes, preso e viestes
> ver-me". [...]
> Em seguida, dirá aos que estiverem à sua esquerda:
> "Apartai-vos de mim, malditos, para o fogo eterno
> preparado para o diabo e seus anjos. Porque tive fome e não
> me destes de comer. Tive sede e não destes de beber. Fui
> forasteiro e não me recolhestes. Estive nu e não me vestistes,

---

108 *Ibidem*, p. 1.748.

doente e preso e não me visitastes [...] Irão estes para o castigo eterno enquanto os justos irão para a vida eterna".[109]

É nessa atmosfera religiosa e de busca de luz e justiça que se desenvolve o samba "Juízo Final", de Nelson Cavaquinho e Élcio Soares: "O sol há de brilhar mais uma vez/ A luz há de chegar aos corações". Se o sol e a luz são esperança, e se eles irão novamente brilhar, isso é sinal de que o sambista nos fala do centro de um tempo de escuridão. O samba acena com a nostalgia de um futuro luminoso: o sol há de brilhar, a luz há de chegar. Como na citação bíblica, a ausência de luz é sinal de fim do mundo, sinal de final dos tempos. A semente do mal será queimada, o amor voltará a ser eterno. Novamente a nostalgia de um futuro feliz, sem mal e com amor eterno. Se é preciso queimar a semente do mal, é porque ela segue brotando, se o amor será eterno no futuro, é porque no presente ele é fugaz. Cenário tenebroso, ausência de luz, de calor, de amor, presença do mal. Estas são as tribulações que anunciam o fim: "É o Juízo Final/ A história do bem e do mal". Samba de inspiração bíblica e, tal como nela, a escuridão e a presença da maldade são os sinais do fim deste mundo.

A nostalgia do futuro ancora-se numa utopia, no desejo de que o mundo, um dia, seja melhor. No dia do Juízo Final, o sol voltará a brilhar, os corações voltarão a estar iluminados, o mal será erradicado da face da terra e a humanidade será feliz. Mundo de luz, bondade e amor.

Melodicamente, o samba inicia-se de forma tensa, com um salto intervalar de oitava, que pode ser sentido como um rasgo na escuridão, pelo irromper da luz solar, com todo seu esplendor. Ou como o toque de um clarim, anunciando um novo tempo.

MEU CORAÇÃO, AMIGO DOS AFLITOS

Samba e espiritualidade, Nelson Cavaquinho e seu coração amigo dos aflitos, a maior herança que ele tem na vida, como diz no samba "Caridade" (Nelson Cavaquinho e Ermínio Pereira do Vale), em que é tematizada essa virtude cristã que consiste em ajudar quem está precisando: "Não sei negar esmola a quem

---

109   *Ibidem*, 25, p. 1.750.

implora caridade/ Me compadeço sempre de quem tem necessidade". Virtude nuclear no cristianismo, no *Novo Testamento* há um hino em louvor a ela:

> Ainda que eu falasse línguas,/ as dos homens e as dos anjos,/se eu não tivesse a caridade,/ seria como o bronze que soa/ ou como o címbalo que tine./ Ainda que tivesse o dom da profecia,/ o conhecimento de todos os mistérios/ e de toda a ciência,/ ainda que tivesse toda a fé,/ a ponto de transportar montanhas,/ se não tivesse a caridade,/ nada seria/ [...] A caridade é paciente,/ a caridade é prestativa,/ [...] não procura o próprio interesse, não se irrita, não guarda rancor.[110]

Essa capacidade de sentir a dor do próximo e de buscar amenizá-la, a compaixão e a piedade que inspiram a caridade, habitam o coração de nosso sambista boêmio: "Não deixarei de socorrer a quem pedir um pão". Ele ajuda porque é bom, não espera nada em troca, ajuda porque se reconhece no sofredor, porque sabe que a fortuna é caprichosa, porque sabe reconhecer os reveses da vida, pois um dia poderá precisar que alguém o socorra.

No final do "Hino à caridade", está escrito que essa virtude é considerada a mais importante para os cristãos: "[...] fé, esperança e caridade, essas três coisas. A maior delas, porém, é a caridade"[111]. Como diz um dos mais importantes mandamentos cristãos: "Amarás teu próximo como a ti mesmo".

Generoso, Nelson Cavaquinho viveu com grande simplicidade, com grande humildade, como se pode ver no filme que Leon Hirszman fez sobre ele. Nelson não dava valor à riqueza material, à aparência, ao mundo da vaidade e luxo, esse universo exterior que a quase todos seduz. Dava valor à riqueza interior, à amizade, ao amor. Sua filosofia é o samba, seu modo de viver, e a música, alguém já disse, é a mais espiritual de todas as artes. Seu samba, envolvente e invisível, é fonte de ensinamento moral. Pelo seu modo de ser e sua sinceridade ao falar da vida, ele mostra a ferida de uma sociedade fetichizada, escrava

---

110   "Coríntios", 1-13, em: *Bíblia de Jerusalém: Novo Testamento, op. cit.*, pp. 2.009-10.

111   *Ibidem*, p. 2.010

do luxo e da aparência, e ensina a igualdade de nossa condição. Não somos iguais, somos diferentes, mas temos a mesma misteriosa origem e final. Seu ensinamento é dado de forma despretensiosa e contundente, no compasso do samba e da humildade. Ele coloca sua sabedoria, sua experiência de vida nas canções e compartilha conosco este saber: "Do pó viestes, para o pó irás", assim começa "Revertério" (Nelson Cavaquinho e Guilherme de Brito), ecoando o "Gênesis", que nos ensina sobre a nossa condição mortal e frágil. O sambista aponta a fratura de uma civilização que busca escapar de sua condição precária escondendo-se atrás do orgulho, do luxo e da riqueza: "Guardes a tua riqueza/ Que eu ficarei com a pobreza".

A filósofa Olgária Matos, em seu ensaio "*Theatrum Mundi*: filosofia e canção", nos diz que

> nas canções brasileiras encontra-se, com frequência,
> uma elaboração musical e literária enunciando uma
> filosofia moral. Esta se constituiu na tradição da "medicina
> da alma" e "consolo da filosofia", pois ela se quer a ciência
> da vida feliz. Se é preciso pensar bem (filosofar), é para
> viver melhor. [...] A filosofia moral ensina a lidar com os
> prazeres e dissabores, pois se apenas o impulso bastasse
> para desfrutar de todos os deleites e fugir das dores,
> ela perderia sua razão de ser. [...] A filosofia orienta os
> homens em meio ao emaranhado de enganos, prazeres
> equivocados e falsos juízos em que estamos enleados,
> no mundo e na vida. As aparências enganam, os ricos e
> poderosos não passam de atores que representam um rei
> em um palco de teatro. Terminado o espetáculo, retirados
> os trajes principescos, cada um volta a ser o que é na vida
> de todos os dias.[112]

Configura-se aqui o tema estoico do "teatro do mundo". No núcleo da filosofia estoica está a condenação da riqueza, e seu cortejo de vaidades.

---

112   Olgária Matos, "*Theatrum Mundi*: filosofia e canção", *op. cit.*, p. 107-8.

É contra este mundo da aparência que o sambista arranha seu violão e sua garganta: "Guardes a tua riqueza/ Que eu ficarei com a pobreza". Penetrando no âmago do mundo, rasgando o véu da ilusão, o sambista, como os antigos moralistas, revela a fragilidade de nossa condição, a banalidade de um mundo de aparência, iluminando o porquê do mal-estar que este mundo falso nos causa, mundo às avessas, onde o rico é pobre e o pobre é rico e inaugurando com seu coração, amigo dos aflitos, um mundo mais amoroso e bondoso, contraponto radical à sinfonia das vaidades.

Sêneca, em *De vita beata*, fala dos vícios e das virtudes. O homem virtuoso não se apega a bens materiais, pois a riqueza é inconstante, trazida pela volúvel fortuna, que, assim como dá, tira. A riqueza aprisiona o homem, escraviza-o às aparências, fazendo com que, assim, fique fora de si e sob seu poder. O sábio despreza os bens materiais, vive de acordo com a natureza, uma vida simples. O sambista, aqui, faz as vezes do moralista, revelando o mundo às avessas: "O moralista, ao criticar as convenções sociais e o que elas escondem, denuncia a moral vigente, não por uma gratuidade qualquer, mas por ser ela geradora de infelicidade"[113]: "Do pó viestes, para o pó irás".

---

113   *Ibidem*, p. 113.

NELSON, 1973: PELÃO, TINHORÃO E TÁRIK DE SOUZA

Numa tarde do ano de 1973, o paulista Pelão foi até a sede da gravadora Odeon e disse a Milton Miranda, diretor artístico da gravadora, que queria fazer um disco do Nelson Cavaquinho. O diretor se interessou e então Pelão foi em frente: "É o seguinte. Conheço os dois discos do Nelson Cavaquinho. Mas não concordo com eles. O Nelson não está ali. Quero colocar o verdadeiro Nelson no disco. O Nelson dos bares, o Nelson que eu sinto. Ele e o violão dele, com o suor dele"[114].

Pelão e Nelson Cavaquinho conheceram-se no início dos anos 1970, nas noitadas de samba do Teatro Opinião, em Copacabana. Com seus 60 anos, Nelson já era conhecido no mundo do samba do Rio de Janeiro. Contrastando com a temática sombria de seus sambas, Nelson era um dos personagens mais vivos das noites cariocas. Suas participações no Teatro Opinião, ao lado de outros sambistas do morro, como Candeia e Xangô da Mangueira, haviam despertado a atenção do público da cidade.

Antes desse disco produzido por Pelão, considerado o melhor de Nelson Cavaquinho, o sambista havia gravado outros dois (em 1970 e 1972), que não eram bons, porque, como dizia Pelão, Nelson não estava ali.

> Apesar de louváveis, as duas produções pecaram em um ponto crucial, ao menos de acordo com os especialistas em Nelson: com arranjos pomposos, elas dispensaram, ou deixaram como coadjuvante, seu violão absolutamente único e incomparável. Ninguém tocava como Nelson Cavaquinho. Nem na forma, com o instrumento praticamente na vertical e o dedilhar das cordas feito

---

114   Celso de Campos Jr., *Pelão: a revolução pela música*, São Paulo: Garoa Livros, 2020, p. 18.

apenas com o indicador e o polegar, nem no conteúdo,
cortante e pungente, mas de harmonia perfeita.[115]

O disco seria gravado no estúdio paulistano da Odeon, na rua Bento Freitas, músicos escalados por Pelão, arranjos discretos feitos por José Briamonte, que visavam permitir que Nelson Cavaquinho brilhasse em plenitude com sua voz e violão.

Além desse cuidado, o disco apresentou o artista tocando cavaquinho, seu primeiro instrumento, na faixa "Caminhando", choro de autoria de Nelson, que toca muito bem o instrumento, sendo acompanhado por Dino em seu famoso violão de sete cordas.

O disco também apresentaria pela primeira vez seu principal parceiro, Guilherme de Brito. Cantariam juntos um *pout-pourri* com quatro sucessos da dupla: "A flor e o espinho", "Pranto de poeta", "Se eu sorrir" e "Quando eu me chamar saudade". Nas demais canções, Pelão tentou evitar que se repetissem as músicas gravadas nos discos anteriores, como as antológicas "Luz negra", "Palhaço" e "Notícia", abrindo assim espaço para as novas composições, como "Visita triste", "Rei vadio" e a fulminante "Juízo Final", que seria gravada muitas vezes por diversos intérpretes. Outros três sambas, que pela primeira vez Nelson gravou, faziam parte dos discos de quatro divas da canção brasileira – "Vou partir", gravado por Elizeth Cardoso, "Minha festa", por Clara Nunes, e "Folhas secas", por Beth Carvalho e Elis Regina. O samba foi feito para Beth, mas Elis o conheceu, quis gravar também e, depois de uma disputa, as duas gravaram. "A versão do Nelson é melhor do que todas as outras juntas", disse Pelão[116].

Tárik de Souza escreveu na revista *Veja* de dezembro daquele ano: "Se ainda faltava algum atestado às artes do voluntarioso Nelson Cavaquinho, este disco vale por um diploma completo e definitivo"[117].

A resenha de José Ramos Tinhorão, publicada em 4 de janeiro de 1974, na coluna "Música Popular" do Caderno B do *Jornal do Brasil*, foi a consagração desse disco:

---

115   *Ibidem*, p. 21.

116   *Ibidem*, p. 24.

117   *Ibidem*.

Nos últimos anos, com a descoberta dos grandes criadores das camadas populares por parte da juventude de nível universitário, o compositor Nelson Cavaquinho passou a ser reconhecido oficialmente como gênio. Essa fama, porém, começava a perigar porque, apesar da legenda criada em torno da figura do curioso trovador de cabelos brancos, faltava uma prova em disco. É essa prova que a Odeon vem oferecer agora com o seu LP *Nelson Cavaquinho*, e que constitui mais do que um documento de genialidade, uma obra de amor. Pela primeira vez em seus 40 anos de compositor, Nelson Cavaquinho é tratado com a compreensão e o respeito que seu rústico talento merecia – e estava precisando.[118]

Ali Nelson Cavaquinho derrama sua alma nos mais belos e sofridos sambas de nosso cancioneiro. Na contracapa, um diálogo entre Nelson Cavaquinho e o jornalista Sérgio Cabral. Diz Tinhorão que esse disco "vem a mostrar, com a força poética e a rude e inventiva música dos sambas do maior compositor das camadas mais humildes do Rio de Janeiro, que o tempo passa, mas o gênio criativo do povo continua"[119].

Ainda sobre esse disco, Tárik de Souza escreveu: "Acompanhado de conjunto e coro, Nelson e seu violão arrevezado contam trechos de uma das carreiras mais fantásticas e substanciosas da música brasileira"[120].

---

118   *Ibidem*.

119   *Ibidem*.

120   Tárik de Souza e Elifas Andreato, *Rostos e gostos da Música Popular Brasileira*, Porto Alegre: L&PM, 1979, p. 186.

PARCERIAS: GUILHERME DE BRITO, PAULINHO DA VIOLA, PAULO CÉSAR PINHEIRO E EDUARDO GUDIN

Sempre fiz samba, sempre tive que fazer samba.
É mais forte que eu.

Nelson Cavaquinho

Um dos maiores compositores da canção brasileira, o sambista Nelson Cavaquinho aprendeu música de forma autodidata, olhando e tocando com músicos chorões.

Muita gente diz que ele só criava a melodia e que a letra ficava por conta de seus parceiros. Mas isso não corresponde à realidade. Um ser inspirado, ele compunha sem regra preestabelecida: ora fazia a letra, ora a música, ora ele e seu parceiro faziam uma coisa ou outra ou ainda as duas coisas, alternadamente. E ele guardava tudo na memória. Quando não esquecia. Esqueceu muitos sambas.

Os temas das suas canções "eram sempre escolhidos por ele e expressam suas preferências e sua visão da vida, aquela percepção amargurada e profundamente melancólica, o que talvez explique sua frutífera união, por cerca de 40 anos, com Guilherme de Brito, com quem ele comungava esta percepção"[121].

Por exemplo, em "A flor e o espinho", Guilherme de Brito, seu brilhante e mais constante parceiro, contou que vinha de uma festa em Niterói, tarde da noite, sentou na mesa de um bar e, tomando uma cerveja, fez a primeira parte da letra. Entregou a Nelson Cavaquinho, que fez a segunda e colocou a música.

Por dificuldades financeiras, e sem emprego fixo, Nelson "vendeu" muitas parcerias em troca de alguns trocados ou de uma pousada em hotel, como neste caso que ele mesmo conta:·

---

121   José Novaes, *Nelson Cavaquinho, luto e melancolia na música popular brasileira*, Rio de Janeiro: Intertexto; Oficina do Autor, 2003, p. 177.

Parceiros? Bem, alguns são parceiros mesmo. Mas nessa época eu estava sempre duro e fazia qualquer negócio, mesmo com prejuízo. Vivi uns tempos no hotel onde o César Brasil era gerente. Então eu fazia música para pagar a estadia e dava parceria a ele. Em "Degraus da vida" e mais umas três ou quatro ele está comigo. Bem, era eu que fazia tudo, mas na ocasião eu não pensei nada disso. Como é que eu posso reclamar agora? Eles me auxiliaram muito...[122]

Mas há parceiros de verdade.

Há um caso envolvendo o Cartola. Perguntaram ao Cartola se havia alguma parceria deles e Cartola contou que haviam feito um samba e que, depois de alguns dias, encontrou um conhecido na praça Tiradentes que disse ter acabado de fazer uma música e cantarolou para ele, que, com espanto, exclamou: "Mas este samba é meu e do Nelson!". Ao que o sujeito respondeu: "Não é mais, não! O Nelson me vendeu". Indignado, Cartola foi tomar satisfação e cobrar, ao menos, sua parte na venda, e o Nelson se saiu com esta: "Ô, Cartola, mas eu só vendi a minha parte!"[123].

Ele e Guilherme de Brito tinham um trato: só comporiam juntos, sem outro parceiro. Mesmo assim, ele vendia algumas parcerias, para pagar suas despesas.

Diz Guilherme de Brito:

Conheci o Nelson no Café São Jorge. Eu morava em Ramos naquela época, por volta de 1955, e o Nelson já era um sucesso. Quando eu ia pro trabalho de manhã, e passava naquele botequim, via aquele aglomerado de gente em volta de uma mesa... Às vezes eu voltava, já de noite, depois de trabalhar o dia inteiro, e o Nelson ainda estava lá com seu violão. Eu já admirava ele e sentia que a sua maneira de compor era a mesma que a minha. Até que um dia, tomei coragem e cheguei perto dele com a primeira

---

122   Afonso Machado, "O dono das calçadas", *op. cit.*, p. 8.

123   *Ibidem*, pp. 6-7.

parte de um samba, que foi o "Garça", e falei: ô, Nelson, vê se gosta disso aqui. E ele disse que estava ótimo e fez a segunda parte.[124]

Algumas joias da dupla: "A flor e o espinho", com Alcides Caminha, "Folhas secas", "Pranto de poeta", "Quando eu me chamar saudade".
Diz Nelson Cavaquinho:

Para ser franco a todos que estão me ouvindo, o Guilherme é o melhor parceiro que eu encontrei. Parece que ele tem o mesmo sentimento que eu. Parece que ele também acredita muito em Deus, como eu. Eu sei que tudo dá certo com ele. Um faz a primeira, o outro faz a segunda, ou fazemos a primeira e a segunda juntos. Parece uma fábrica de samba![125]

Apesar de ter diversos parceiros, há um estilo único, que faz com que reconheçamos um samba de Nelson Cavaquinho, quer pela sua interpretação emotiva, quer pela melodia e letra tão amalgamadas uma à outra (não há uma sílaba a mais ou fora do lugar), quer pelos seus temas, quer pelas belíssimas e sofisticadas melodias, quer por sua voz e violão rasgados, arranhados, roucos, quer pela comoção que nos assola ao ouvi-lo cantar o amor, a tristeza, a morte, por tudo isto, quando ouvimos um samba dele, sabemos que é um samba de Nelson Cavaquinho.

Acho que há uma alquimia entre os parceiros, em que cada um sente o que o outro está querendo dizer. Era Nelson quem dava o tema: falava para os parceiros o que estava querendo dizer e estes tentavam criar algo a partir daí. Essa sintonia, creio, é que dá unidade à sua obra e é notável como, com parceiros tão diversos, seus sambas sejam inconfundíveis.

Nesse sentido, é esclarecedor (e comovente) o curta *João Bosco e Aldir Blanc: parceria é isto aí*, de Pedro Pontes, que mostra o momento em que Aldir Blanc

---

124 *Ibidem*, p. 9.
125 *Ibidem*, p. 10.

está ouvindo pela primeira vez a música que João Bosco fez para sua letra "Duro na queda", a emoção de Aldir, que fecha os olhos ouvindo, sentindo que a música expressava o que ele queria dizer. Num certo momento, Aldir fala do segredo dessa parceria, que durou 40 anos: cada um tentava expressar o que o outro estava querendo dizer, sempre um pensando no outro e, assim, nasceram essas joias. No caso dos parceiros de Nelson Cavaquinho, eles tentavam expressar o que Nelson estava querendo dizer, ele era a fonte e a unidade vem de seu lirismo lúgubre.

Disse Paulinho da Viola:

> Ninguém toca como ele. Ele tira um som do violão que impressionou até o Turíbio Santos. As introduções do Nelson, ninguém faz como ele. Qualquer outro sambista dá uma introdução convencional. Nelson põe uma diminuta, faz uma sequência, dá uma volta e cai no tom que quer. Só aí ele começa a cantar. Nelson nunca aprendeu música, mas sua carga de vivência somada ao seu talento justificam suas belíssimas composições.[126]

E Paulo César Pinheiro:

> Nelson Cavaquinho e eu já varamos muitas madrugadas juntos durante um tempo de minha vida. Por isso posso falar de cadeira desse compositor. Não como crítico, historiador ou repórter, mas como companheiro de boemia, aprendiz de sua linguagem e conhecedor de sua obra. Como companheiro, acumulo histórias sobre essa figura singular do povo; não as folclóricas, já repetidas muitas vezes por quem já ouviu falar essa ou aquela de passados longínquos, mas as com as quais eu convivi, vi acontecer, participei como personagem [...] Conheci e me espantei com o Nelson filósofo de depois da décima dose de

---

126   *Ibidem*, p. 15.

qualquer bebida. Passava a vida tão a limpo numa mesa de bar, que intelectuais se curvavam diante de sua lógica e visão do mundo. Senti o homem religioso que ele é a cada momento, com sua imensa fé e sua conversa infindável sobre o mistério da morte. Querendo, talvez, convencer-se a si próprio que conversará com seu Deus um dia. Vi o Nelson promíscuo em sua paixão inusitada pelo meretrício. Vi muitas faces deste homem. E a convivência pacífica e pura, dentro de seu coração, de seus santos e demônios, virtudes e pecados, ânsias e tranquilidades. Como aprendiz, suponho-me suspeito pra falar de seu talento. Considero Nelson o sambista popular que mais me arrebatou e emocionou, com seus temas extremamente originais, estranhos às vezes, mas belos e de fácil assimilação. Melodias vigorosas e inconfundíveis. Versos profundos de marcada vivência. Versos de filosofia. De poesia lírica. De malandragem. Versos moleques e de bom humor como é ele próprio. Ele não fez senão o que ele é de verdade. Nunca fugiu de sua linha. Nunca saiu de seu caminho. É, com letras maiúsculas, o VERDADEIRO COMPOSITOR POPULAR.[127]

Em *Rostos e gostos da Música Popular Brasileira*, Tárik de Souza sintetiza: "Nelson Cavaquinho é único, porque sua música está diretamente ligada à sua vivência movimentada, qualidade e substância que não se encontra com facilidade"[128].

NELSON ERA UM GÊNIO

Pedi ao meu amigo, o sambista Eduardo Gudin, que foi também amigo e parceiro de Nelson, que me contasse um pouco sobre ele e sobre a parceria que fizeram. É um depoimento inédito, enviado no dia 5 de outubro de 2021.

---

127   *Ibidem*, pp. 13-4.

128   Tárik de Souza e Elifas Andreatto, *op. cit.*, p. 187.

Conta Gudin:

Oi, Eliete. Falando sobre o Nelson, eu nem me lembro direito o momento exato em que o conheci. Eu acho que foi quando ele estava gravando aquele disco pela RCA, que tem ele cantando, né?, produção do Waldyr Santos. Foi ali que eu tomei contato, mesmo, com o Nelson, mas eu já tinha escutado pelos Originais do Samba umas fitas com ele cantando, com aquela voz diferente e fui me aprofundando em relação ao repertório dele, reparando em "Luz negra"... E ele é um cara tão importante que o Baden Powell, ainda desconhecido, grava "Luz negra", no disco *Violão na madrugada*. Antes do Baden ser um cara famoso, no comecinho da carreira, grava "Luz negra", um solo de violão, por aí você calcula a importância do estilo dele, né? Como ele influenciou os compositores que vieram, naquele estilo de primeira e segunda parte, uma coisa... Uma primeira bem definida, uma segunda pra completar a primeira, um tipo de forma desse jeito. Mas o que me espantava muito nele é que ele era um cara muito simples. Então é surpreendente que ele, com aquele violão, que às vezes nem afinava direito, aquela maneira de tocar, como é que ele conseguia fazer melodias tão... tão admiráveis, tão cheias de cromatismo. É muito evoluída a melodia dele pra aquela maneira de ser, porque ele era quase uma criança, e como ele via o mundo assim, dentro daquele universo.

Eu me lembro uma vez que eu estava com ele ali, no Bar do Alemão, fim da tarde, e ele ainda não tinha bebido nada. Estava muito quieto. Então chegou o Dagoberto, o dono do Bar do Alemão antigo, e eu, pra puxar assunto com o Nelson, falei: "– Olha, o Dagoberto é um cara muito legal". E pra continuar o assunto, falei: "Seria bom que todo mundo fosse que nem o Dagoberto". Ele ficou bravo! Me deu uma bronca e falou assim: "– Não, meu filho. Isso pertence a Deus!". Eu nunca esqueci, porque isso está nas músicas dele, né?, essa visão. Então não dá pra esquecer disso. Depois, aí, eu fui me tornando muito amigo dele e tal, saía nas noites com ele. Ele ia muito lá no Bar do Alemão. E eu me dei sempre muito bem com ele, uma coisa muito simples. Ele me ligava, até que eu falei pra ele ser padrinho de batizado da minha filha. Eu falei, mas todo mundo pode falar isso, e ele ficava me perguntando: "– Quando é que eu vou batizar a nenê? Quando é que eu vou batizar a nenê?". Aí é que eu entendi, que ele queria mesmo, que era importante pra ele, e, então, eu realizei o batizado da Joana e logo depois disso fizemos uma música, em que ele começa a tocar a melodia e canta a primeira frase: "– Eu já sofri e hoje estou sorrindo de tanta alegria", faz a melodia da primeira parte e eu faço a da segunda e o Roberto Riberti completou a letra. Chama-se "Euforia". Tá naquele meu disco *Um jeito de fazer samba*, que eu nunca quis mostrar pra ninguém, porque o Nelson faleceu um pouco depois e eu guardei até um dia em que teve um *show* de pessoas contando histórias do Nelson. Então eu contei esta história do batizado e cantei a música inédita. Só depois, gravei. É impressionante. O que me espanta nele é essa coisa: como é que um cara tão simples é um gênio?, um cara com aquele universo dele. Eu lembro que estava tendo a Guerra do Golfo, e ele preocupado com o Rio: "– Meu filho, tá caindo muito lotação lá no Rio de Janeiro", porque tinha tido um acidente, o mundo dele era aí. E vinha uma sabedoria, que aí é incrível.

Ele tinha aquela relação com Deus, né? Ele parava a gravação pra rezar: às 18h, estava no meio da gravação, ele parava a gravação e começava a rezar lá do jeito dele. Me lembro que, no batizado da Joana, ele ficou com ciúmes da relação do padre com Deus. Aí, no final do batizado, ele falou assim pro padre: "– Meu filho, quer ver como eu creio em Deus?". E cantou "Caridade", aquele samba dele. E aí o padre perguntou: "– Mas quem é ele?". E eu expliquei: "– É o cara que a Clara Nunes grava, que a Beth Carvalho grava".

E o padre já queria contratar ele pra fazer um *show* [*risos*]. Tudo meio surreal.

O que eu sei é que o pai dele tocava tuba na Banda da Polícia Militar do Rio de Janeiro, então Nelson cresceu ouvindo música boa. Ia muito ao cinema também. Então, tudo que ele teria ouvido devia entrar muito forte na cabeça musical dele.

Agora, a questão das letras, eu vi ele fazer letra na minha frente, improvisar letras numa noite, cantando, e estava inventando aquelas letras, com aquelas ideias... São quase que autobiográficas. Ele era assim. De um modo que esta história que começam a dizer que outras pessoas é que faziam, não sei quê, uma letra tal é de não sei quem... O Nelson tem sempre a mesma temática, sempre com um parceiro que a gente não sabe se ele estava pagando uma conta e botando o nome do cara na música. Uma vez eu fui visitar um parceiro dele, era conhecido, o Guilherme de Brito, esse sim, um parceiro de verdade. Mas as músicas do Guilherme sem o Nelson Cavaquinho, as músicas que o Guilherme me mostrou, lá em Belford Roxo, não tinha nada do nível da parceria dos dois. Já o Nelson muda de parceiro e o nível continua, né? Em "Notícia" não tem o Guilherme, "Luz negra" não tem o Guilherme, então eu vi ele fazer muita coisa, de inventar letras... Então estas ideias... é um mistério, né? Como é que um cara tão simples assim podia fazer coisas tão sofisticadas melodicamente e essas ideias originais de letras assim. Isso sempre me espantou e nunca entendi como é que aquele violão pudesse resultar neste trabalho. Isso foi o que sempre me espantou, nunca consegui explicar isso. É isso. Era muito amigo meu e era quase uma criança. Era um gênio.

NELSON CAVAQUINHO E A CONDIÇÃO HUMANA

Tome um homem, seu violão, cante ele pelas ruas como um antigo trovador da Idade Média a beleza das flores, a efemeridade da vida e a angústia metafísica da morte, e esse será o retrato de Nelson Cavaquinho. Com sua cabeleira branca, seu permanente ar de dignidade e sua voz enrouquecida por muitos anos de cerveja gelada, o que Nelson Cavaquinho canta (fazendo percutir, mais que dedilhando, as cordas do seu violão) é a saga de um homem que vive em estado de poesia. E cuja obra, por isso mesmo, não morrerá.

José Ramos Tinhorão

Nelson Cavaquinho é daqueles compositores que se revelam em sua obra: escutemos o sambista, ouviremos sua alma. Se pensarmos num quadro, sua paleta será preto e branco, claro-escuro. Não há nada colorido, nem tons pastel. Sempre um contraste, luz e sombra, mais sombra do que luz. Luz negra. São cenas sombrias, sentimentos profundos, temas melancólicos, metafísicos, angustiantes. Ouvir Nelson Cavaquinho é meditar sobre a existência, no compasso do samba-canção.

Melodias sofisticadas, que sobem e descem, arrastando-nos com elas em sua errância ébria, nos conduzindo ao inferno e ao paraíso. "O sol há de brilhar mais uma vez."

Errância entre céu e inferno, divina comédia do cotidiano, a vida e a morte por um fio, a consciência da fragilidade humana. E o samba tecendo amores tristes, flores do mal, a vida sendo um palco desiluminado, "a luz negra de um destino cruel/ ilumina um teatro sem cor", o sambista sendo um palhaço de perdidas ilusões e a nossa única certeza, nossa condição humana, mortal:

> Que é um homem dentro do infinito? [...] Afinal, o que é o homem dentro da natureza? Nada, em relação ao infinito; tudo em relação ao nada; um ponto intermediário entre tudo e nada. Infinitamente incapaz de compreender os extremos, tanto o fim das coisas como o seu princípio permanecem ocultos num segredo impenetrável, e é-lhe igualmente impossível ver o nada de onde saiu e o infinito que o envolve.[129]

Quem formulou isso foi o filósofo Pascal (1623-62), e essa inquietude existencial quanto à nossa origem e destino, a incerteza dos dias que quem sabe virão, essa atmosfera permeia os sambas de Nelson Cavaquinho.

O jornalista e crítico musical Sérgio Cabral uma vez lhe perguntou: "Você fala muito em morte ultimamente [...] mas você já teve alguma vez medo de morrer, já viu a morte de perto alguma vez?". E Nelson respondeu: "Eu não tenho medo de morrer. É por isso que eu falo na morte sempre. Deus me livre, Deus me [...] Eu sei que vou desaparecer algum dia, por isso que eu falo na morte, sei que vou desencarnar aqui e espero nascer na outra vida, e pronto"[130]. "Sei que amanhã, quando eu morrer", ele canta em um dos seus muitos e belos sambas em que fala da morte ("Quando eu me chamar saudade", com Guilherme de Brito).

"Sei que a maior herança que eu tenho na vida/ É meu coração, amigo dos aflitos", ele canta em "Caridade". Nelson era uma pessoa extremamente bondosa. Conta Guilherme de Brito: "Aprendi muita coisa com ele, muitas lições de vida, e hoje eu não passo por um pobre sem dar uma esmola. O Nelson era assim. Quando recebia algum dinheiro, todo mundo ganhava. Estive com ele durante quase quarenta anos. Andei muito por esse meio aí"[131]. Eu fico pensando que talvez a fonte dessa bondade seja sua sensibilidade e consciência da fragilidade de nossa existência, como ele canta no samba "Eu e as flores", em que as flores quase dizem a ele: "Vai que amanhã enfeitaremos o seu fim". É nesse sentido

---

129   Blaise Pascal, *Pascal*, coleção Os Pensadores, São Paulo: Abril Cultural, 1979, p. 52.

130   Nelson Cavaquinho, *Depoimento do poeta* (CD), Discos Castelinho, 1970.

131   Afonso Machado, "O dono das calçadas", *op. cit.*

também o depoimento de Paulo César Pinheiro: "Poucas vezes vi pessoas tão ternas ao tratar com seus semelhantes, com a gente simples e humilde (prostitutas, marginais, bêbados, mendigos, trabalhadores) que povoa seu mundo cotidiano. Vi Nelson ganhar cachês e distribuí-los inteiros entre essa gente, num começo de manhã, ficando sem dinheiro pra voltar pra casa"[132].

Esse desapego aos bens materiais permite tecer um laço entre Nelson Cavaquinho e os filósofos estoicos, que não davam valor aos bens materiais e condenavam a riqueza. Diz Olgária Matos: "A condenação da riqueza é o núcleo da filosofia estoica, ela faz o homem escravo das aparências e dependente do mundo externo, da bajulação dos outros e da sua própria vaidade". É exemplar o samba "Revertério" (Nelson Cavaquinho e Guilherme de Brito): "Do pó viestes e para o pó irás" [...] "Guarda a tua riqueza,/ Que eu ficarei com a pobreza". Condenação da riqueza, que torna os homens insensíveis; elogio da pobreza, que torna o homem bondoso, porque sabe que, diante da nossa finitude, somos todos iguais, que, diante do infinito, somos todos pequenos.

Como disse Paulo César Pinheiro:

> Conheci e me espantei sempre com o Nelson filósofo de depois da décima dose de qualquer bebida. Passava a vida tão a limpo numa mesa de bar, que intelectuais se curvavam diante de sua lógica e visão do mundo. Senti o homem religioso que ele é a cada momento, com sua imensa fé e sua conversa infindável sobre o mistério da morte. Querendo, talvez, convencer-se a si próprio que conversará com seu Deus um dia.[133]

Nelson Cavaquinho: um boêmio religioso, um homem que encontrava Deus nas mesas dos bares. Sagrado e profano, nele boemia e religião coexistiam. Um moralista, no sentido da tradição filosófica que vem do estoicismo, que desafiava a falsa moral pequeno-burguesa, teatro do mundo, reino da aparência, da indiferença, do luxo. Com sua voz rouca e seu violão áspero, ensinou

---

132 *Ibidem*, p. 14.

133 *Ibidem*.

o desprendimento, a caridade, a compaixão, a finitude. Nenhum sambista cantou de forma tão obsessiva a morte, chegando a ponto de, em "Depois da vida" (Nelson Cavaquinho, Guilherme de Brito e Paulo Gesta), tematizar um beijo em uma amada defunta: "Eu te esperei, minha querida/ Mas só te beijei depois da vida", gravada por Paulinho da Viola, em *Paulinho da Viola* (1971).

Um sofredor amoroso que nunca deixou de amar e que ensina que, como o sofrimento é inevitável, que é "feliz aquele que sabe sofrer", máxima impregnada de estoicismo. O estoicismo ensina que precisamos saber aceitar o inevitável, pois assim sofreremos menos: que devemos querer o que nos acontece e não brigar com as tramas do destino, luta inglória. Diz Olgária Matos: "É na compreensão do mundo como perigo e risco, em um mundo no qual o presente é contingente e o futuro incerto, em meio à Fortuna e à deriva das paixões, que se evocavam máximas morais, provérbios, fábulas, parábolas, cujos ensinamentos auxiliavam na arte de viver, comunicados por meio do tempo pela tradição oral"[134]. Nesse sentido, muitos compositores populares se inscrevem na tradição moralista, e Nelson Cavaquinho é um dos mais geniais entre eles, pois muitos de seus sambas têm a dimensão de um ensinamento, de uma revelação: "Do pó viestes, para o pó irás".

Dionisíaco, embriagado de vida e de cachaça, assim ele vivia e compunha. Sua vida e sua obra estão amalgamadas. Era um ébrio que vivia uma outra lucidez, fiel a seu modo de ver e estar no mundo e, assim como suas canções, forjou uma sabedoria que até hoje ilumina os corações sensíveis.

---

134 Olgária Matos, "*Theatrum Mundi*: filosofia e canção", *op. cit.*, p. 120.

SAMBA E CINEMA NOVO: NELSON CAVAQUINHO POR LEON HIRSZMAN

O deslumbrante documentário curta-metragem de Leon Hirszman *Nelson Cavaquinho* (1969)[135] mostra, logo na primeira cena e em primeiro plano, o rosto do sambista de perfil e de frente, em preto e branco, olhar introspectivo, grave e digno, cabeleira branca, fumando, ao som da marchinha de carnaval "Risos e lágrimas" (Nelson Cavaquinho, José Ribeiro de Souza e Rubens Brandão). O título da canção já anuncia o roteiro musical e emocional do documentário: "Choro, risos e lágrimas/ Em fantasias eu vi rolar".

No samba, ele se apresenta como "Dama das Camélias", carnavalescamente travestido na figura da célebre cortesã, protagonista do romance de Alexandre Dumas Filho (séc. XIX) e nos remete aos bailes de salão. Carnaval, momento mágico em que as pessoas se desprendem das convenções, se entregam à folia, à brincadeira, vivem e vestem a fantasia que querem, que escolhem. A fantasia, traje apropriado para o Carnaval, é algo, como o próprio nome diz, que transcende o real, o cotidiano, pois o Carnaval é "um momento em que as regras, rotinas e procedimentos são modificados, reinando a livre expressão dos sentimentos e das emoções, quando todos se podem manifestar individualmente"[136]. "É precisamente por poder colocar tudo fora de lugar que o Carnaval é frequentemente associado a 'uma grande ilusão' ou 'loucura'"[137].

Reino da fantasia, do prazer e da ilusão, três dias em que o tempo ganha uma outra dimensão: já não é o tempo do cotidiano, o tempo cronológico, linear, mas sim o tempo da festa, do ritual, um tempo circular que celebra o instante.

---

135   Leon Hirszman, *Nelson Cavaquinho*, Rio de Janeiro: Saga Filmes, 1969, 14 min., disponível em: <https://www.youtube.com/watch?v=MxfDn41xP3s>, acesso em: jun. 2024.

136   Roberto daMatta, *Carnavais, malandros e heróis: para uma sociologia do dilema brasileiro*, Rio de Janeiro: Rocco, 1997, p. 57.

137   *Ibidem*, p. 171.

Nesse sentido, é esclarecedor o que diz o filósofo Byung-Chul Han, em *Sociedade do cansaço*: "Na festa, o tempo como sequencial de momentos passageiros e fugidios é suspenso. Adentramos na celebração da festa como adentramos num espaço onde nos demoramos. [...] O tempo de festa num certo sentido não passa"[138]. Roberto daMatta diz que é o "mundo da metáfora", em que os personagens se relacionam "por simpatia e por um entendimento vindo da trégua que suspende as regras sociais do mundo da plausibilidade: o universo cotidiano"[139]. Supremacia do prazer, diz o verso final da marchinha: "Nenhum pranto colorido me faz silenciar". No Carnaval, "celebramos essas coisas difusas e abrangentes, essas coisas abstratas e inclusivas como o sexo, o prazer, a alegria, o luxo, o canto, a dança, a brincadeira. Tudo isso é resumido na expressão 'brincar o Carnaval'"[140].

O malandro, um dos símbolos do Carnaval brasileiro, é um personagem deslocado da ordem, que vive num lugar intermediário, nem dentro nem fora dela, acenando com a possibilidade de ver o mundo de cabeça para baixo, introduzindo, no universo fechado da moralidade, a possibilidade de relativização. Ele "vive dentro dos códigos éticos de seu sistema alternativo, o sistema da fantasia", diz Claudia Matos[141]. O malandro abre uma fresta, uma brecha, e nela tenta se equilibrar. Voltaremos a falar dele.

Voltando ao filme: em seguida, a câmera passa para um plano mais aberto, mostrando o bar em que Nelson Cavaquinho está encostado no balcão, dessa vez embriagado, com um copo de cachaça na mão e com dois amigos também "altos", alegres, afetivos e brincalhões. Já nesse primeiro momento, alguns dos elementos da poética de Nelson Cavaquinho estão, de um modo simples e direto, lançados: emoção, beleza, marginalidade, embriaguez, pobreza, simplicidade. O bar é humilde como humildes são Nelson Cavaquinho e seus amigos. Leon Hirszman parece usar a cenografia como se ela também fosse um personagem, ou melhor, um elemento para compreender o personagem. Glauber Rocha, em *Revolução do cinema novo*, fala exatamente isto: "Leon usa a cenografia como

---

138   Byung-Chul Han, *Sociedade do cansaço*, Petrópolis: Vozes, 2017, pp. 109-10.

139   Roberto daMatta, *op. cit.*, p. 63.

140   *Ibidem*, p. 121.

141   Claudia Neiva Matos, *Acertei no milhar: malandragem e samba no tempo de Getúlio*, Rio de Janeiro: Paz e Terra, 1982, p. 71.

personagem ativo. Muitos cineastas a usam como artifício 'indecorosativo' que esconde o vazio ideológico. Leon extrai os elementos que podem traduzir o personagem além dos limites disfarçantes"[142].

Luz natural, câmera na mão, um documentário de baixo custo que revela a pobreza e a riqueza desse sambista. Uma das afinidades entre Nelson Cavaquinho e o cinema novo parece se dar pelo contraste entre a pobreza de recursos materiais e a riqueza da obra: assim como para o cinema novo, no dizer de Glauber Rocha, o essencial é "uma ideia na cabeça, uma câmera na mão", para o sambista é uma inspiração no coração, um violão na mão.

A música vai abaixando o volume, ficando de fundo, e Nelson Cavaquinho conta que nasceu em 1910, passou por muitas coisas tristes na vida, e diz: "Minhas músicas são tristes. Agora, eu gosto muito de palestrar com amigos, de brincar, porque tristeza só nas músicas, sabe?". Já nessa primeira fala, ecoa o título da marchinha: risos e lágrimas.

Na sequência, Nelson Cavaquinho toca seu inconfundível violão arranhado e, com voz rouca e embargada, canta e conta "História de um valente" (Nelson Cavaquinho e José Ribeiro de Souza), uma homenagem aos valentões da Lapa. Cavaquinho foi criado na Lapa, onde viviam os valentões e, entre eles, Brancura, citado no samba. Brancura era o apelido de Silvio Fernandes, compositor, flautista, que todos conheciam pela sua valentia e por não andar sem a navalha no bolso. Era alto, forte, belo. Sobre o nome Brancura há estórias diversas. Segundo Ricardo Cravo Alvim, isso se deve à sua cor negra reluzente... O mesmo escreveu João Máximo e Carlos Didier em *Noel Rosa: uma biografia*. Já Sérgio Cabral nos dá outra versão: "Brancura ganhou este apelido porque, em suas investidas amorosas, escolhia sempre as mulheres de cor branca"[143]. Ele, juntamente com Ismael Silva, Bide, Baiaco, Mano Aurélio e Heitor dos Prazeres fundaram a primeira escola de samba, a Deixa Falar. Foi essa turma de sambistas a responsável por um novo samba, o samba do Estácio, com uma rítmica nova, a chamada segunda geração do samba, que sucede à primeira, da qual faziam parte Sinhô, Caninha, Donga, Freitinhas e Pixinguinha. Cavaquinho canta: "Quem diz, não mente/ Na mão de um fraco/ Sempre morre um valente".

---

142 Glauber Rocha, *Revolução do cinema novo*, São Paulo: Cosac Naify, 2004, p. 414.

143 João Máximo e Carlos Didier, *Noel Rosa: uma biografia*, Brasília: UnB; Linha Gráfica, 1990, p. 52.

Entra a música gravada e volta a cena do bar, com mais pessoas, ele no balcão, passando um lenço no rosto suado, simulando uma discussão.

Entre os valentões, malandros ousados, ágeis no uso da navalha, alguns eram sambistas. Gostavam de vestir-se com esmero. Wilson Batista, no samba "Lenço no pescoço", faz uma descrição de sua figura: "Meu chapéu do lado/ Tamanco arrastando/ Lenço no pescoço/ Navalha no bolso". Elegantes, podendo ser violentos – sempre com a navalha no bolso –, avessos ao trabalho, espertos: Brancura "era um crioulo enorme, boa-pinta. Se fosse vivo, hoje, ia ser galã de cinema. Chegava aqui todo de branco, com anéis de brilhantes"[144]. A aparência do malandro "se caracteriza, pois, por uma preocupação estética (gosto de andar na moda), mas, ao mesmo tempo pela ambivalência, pela impressão de fantasia ou disfarce que transmite"[145]. Tal ambiguidade parece se originar na mistura que ele faz entre "signos de uma modernidade pequeno-burguesa com signos de outra ordem, relativos à condição negra e proletária"[146]. O tamanco e o chapéu de palha são símbolos da malandragem.

"Sou daquele tempo do Brancura", canta Cavaquinho. De Brancura conta-se que era violento. E que era bom de briga. Compunha alguns sambas, mas este não era seu forte:

> Brancura (Silvio Fernandes) e Baiaco (Osvaldo Vasques) eram malandros tão típicos que nunca se acreditou terem sido eles os verdadeiros autores dos sambas que assinaram. Uma das especialidades de ambos era a intermediação na venda (quando não se apropriavam da autoria) de sambas de compositores de morro aos compradores de músicas "da cidade", já que circulavam com tranquilidade tanto nas favelas quanto nos bares do Centro, frequentados pelos profissionais da música.[147]

Nem todos os malandros eram violentos. Mas Brancura era.

---

144   Sérgio Cabral, *op. cit.*, p. 53.

145   Claudia Neiva Matos, *op. cit.*, p. 56.

146   *Ibidem*, p. 57.

147   Sérgio Cabral, *op. cit.*, p. 52.

Há uma ética dos valentes: ter coragem, ser capaz de grandes façanhas. Os covardes não eram respeitados. Assim como no Carnaval o mundo fica de cabeça para baixo, o reino do dever é substituído pelo reino do prazer, na malandragem o que é admirado é o que está fora da ordem, o que vive à margem e cria uma ética de sobrevivência para essa condição: valentia, ousadia, esperteza, jeitinho, elegância e violência. A sociedade faz a apologia do trabalho, a malandragem faz a da esperteza. Vale dizer que não se trata apenas de uma negação do trabalho, mas também da sobrevivência numa sociedade em que muitos são excluídos porque não há trabalho para todos. Além disso, trata-se também da resistência aos valores da sociedade – trabalho, dever, submissão à lei – e da criação de um mundo paralelo, com valores próximos aos celebrados no Carnaval, mundo da afirmação do ócio, do prazer e da liberdade.

Em "História de um valente" há uma inversão de lugares: os fortes, que deveriam ganhar, viver, com a chegada da arma de fogo, perdem, morrem, e os fracos vencem, vivem. O valente usa a navalha, a agilidade física, a ginga; o fraco usa o revólver; o valente é destruído pelo fraco; a navalha, pelo revólver: "nas mãos de um fraco/ sempre morre um valente".

Há um samba em que Noel Rosa trata desse mesmo tema, num sentido inverso, "Século do progresso": "No século do progresso/ O revólver teve ingresso/ Pra acabar com a valentia". Se no samba de Nelson Cavaquinho há um elogio da malandragem, da valentia, um certo lamento pelo fim da era dos valentões com a chegada da arma de fogo, no caso de Noel o revólver surge como uma defesa contra a valentia, contra a violência dos valentões. Noel dirigia-se a um valentão, Zé Pretinho, que o agrediu quando este foi reclamar por terem omitido seu nome no samba "Tenho raiva de quem sabe". A ameaça ficou só no samba, pois, como escreveu Almirante, Noel "jamais usou qualquer arma e nem teve atitudes de valentia"[148].

Paulo Lins, no romance *Desde que o samba é samba*[149], mergulha nos morros, bairros, lugares e personagens que criaram a cultura carioca naqueles anos 1920. Narra o dia a dia de sambistas e malandros, das tias baianas, como tia Ciata, das mães de santo, prostitutas, cafetões e homossexuais. Os sambistas Ismael Silva,

---

148   Almir Chediak (org.), *Noel Rosa, songbook*, Rio de Janeiro: Lumiar, v. 1, p. 121.

149   Paulo Lins, *Desde que o samba é samba*, São Paulo: Planeta, 2012.

Brancura, Baiaco, Bide, Pixinguinha, Heitor dos Prazeres encontram-se com os poetas Manuel Bandeira, Mário de Andrade, Augusto Frederico Schmidt. Terreiros de santo, casas das tias baianas, Bar do Apolo, largo do Estácio, Lapa, praça Onze, morro de São Carlos, zona, o dia a dia desses lugares e seus habitantes, seus amores, brigas, crenças e valores. E o nascimento do samba do Estácio e da primeira escola de samba, a Deixa Falar. O livro combina crônica e ficção e é uma iniciação ao mundo do samba.

O samba carioca, criado na década de 1920, pela comunidade negra do centro da cidade do Rio de Janeiro, nasceu na casa da tia Ciata, segundo conta Almirante, radialista e pesquisador. Polêmicas à parte, "Pelo telefone" (1917), de Sinhô e Mauro de Almeida, é considerado o primeiro samba gravado. Sinhô, Caninha, Donga, Freitinhas e Pixinguinha são alguns dos criadores que se destacaram e que são chamados de "a primeira geração do samba". "O samba dos pioneiros, incluindo-se o 'Pelo telefone' e os clássicos de Sinhô ('Jura' e 'Gosto que me enrosco', entre eles), pouco se diferenciava do maxixe, sendo, assim, adequado para a dança de salão, mas pouco indicado para quem quisesse desfilar no Carnaval. Não oferecia o que poderíamos chamar de síncopa carnavalesca aos foliões que desejassem andar enquanto brincavam o Carnaval"[150]. Os jovens sambistas do Estácio perceberam isso, "interessados na criação de um bloco carnavalesco que sairia pela cidade cantando suas músicas, ao qual dariam o nome de 'Deixa Falar'"[151]. Conta o compositor Ismael Silva: "A gente precisava de um samba para movimentar os braços para a frente e para trás durante o desfile"[152]. Nascia, assim, a segunda geração do Estácio de Sá, da qual faziam parte Mano Rubem, Ismael Silva, Baiaco e Brancura, entre outros.

Despedimo-nos de Brancura, apresentado por Nelson Cavaquinho, que nos conduziu ao mundo dos valentões e do nascimento do samba e voltamos para o filme, em que Nelson Cavaquinho diz:

"– São coisas que eu passei na minha vida, né? Assim como há um samba que eu fiz, chama-se 'Dona Carola' (Nelson Cavaquinho, Nourival Bahia e Walto Feitosa), que esta criatura olhava por todos. Então, essa dona Carola disse assim:

---

150   Sérgio Cabral, *op. cit.*, p. 34.

151   *Ibidem.*

152   *Ibidem.*

'Nelson, você está numa situação má. Então, eu vou dar um jeitinho'. Então, é uma destas músicas. É esta música aqui, né?" E Nelson começa a cantar, está sozinho, doente, ninguém foi vê-lo e "Se não fosse dona Augusta e a dona Carola/ Eu saía do hospital de camisola". Samba sincero e direto, que fala dos falsos amigos, daqueles que só ficam por perto por interesse, quando se tem dinheiro e que, na hora da dificuldade, desaparecem. São duas senhoras bondosas que vão socorrer o sambista enfermo. Mundo de aparência e falsidade, alguns bons corações, com compaixão. E o tom jocoso acaba por deixar a situação muito engraçada: "Saía do hospital de camisola". A elas Cavaquinho dedica esse samba.

Nelson conta que em 1918, época da gripe espanhola, ele, menino ainda, via os caminhões cheios de cadáveres passando, "eu digo: mas onde é que irá esta gente? Mas eu era menino ainda, com 8 anos, só via aqueles caminhões passar". Fala da sua família, que é grande, da mãe lavadeira, de um tio que tocava violino, e conta uma estória tragicômica: o pai dele tinha um contrabaixo. Ele e seus irmãos começaram a sair com o instrumento no Carnaval: "Então o instrumento depois foi indo, foi indo, e depois meu velho foi pro cais do porto, e o instrumento, nós começamos a sair com ele no Carnaval, eu e meus irmãos, e começamos depois '– ai! esse negócio não está bom', e começamos a vender um pedaço do instrumento, sabe? [*risos*] e o contrabaixo foi embora, foi bocal e foi tudo [*risos*]". Nelson passa de uma lembrança trágica para uma cômica, sem nenhuma dificuldade ou preparação: porque estavam precisando, cortaram o contrabaixo em pedaços e venderam as partes; de certo modo, comeram o instrumento! Misturando pobreza e humor com naturalidade, levando isso na brincadeira, com a naturalidade da própria vida que sempre nos surpreende. Talvez a triste cena dos cadáveres, que ele presenciou na infância, seja um dos motivos da presença tão forte da morte em suas composições. Talvez. Uma outra explicação encontrei lendo o artigo de Bruno Ribeiro, "Lágrimas de pedra: um olhar sobre a vida e a obra de Nelson Cavaquinho": "A obsessão de Nelson Cavaquinho pela morte começou por volta dessa época, após passar quatro dias 'desaparecido' numa roda de samba na Mangueira. Ao voltar para casa, descobriu que a mãe havia morrido e fora enterrada sem que ninguém conseguisse avisá-lo"[153].

---

153 Bruno Ribeiro, "Lágrimas de pedra: um olhar sobre a vida e a obra de Nelson Cavaquinho", *Revista Ópera*, 23 jan. 2021.

Enquanto Nelson conta essas estórias, entra na trilha sonora "Luz negra" (Nelson Cavaquinho e Amâncio Cardoso), numa versão instrumental. E o filme mostra a rua humilde no bairro de Bangu onde ele mora. Vale lembrar que "Luz negra" é também a trilha sonora de *A falecida*, longa de Leon Hirszman, uma adaptação da peça de mesmo nome, de Nelson Rodrigues, com Fernanda Montenegro como protagonista e arranjo e variações sobre o tema "Luz negra" criados pelo maestro Radamés Gnattali.

Um outro aspecto que aproxima o cineasta do sambista é a presença do tema da morte. No caso de Nelson Cavaquinho, nos deteremos nisso no capítulo dedicado às suas músicas. No caso de Leon, um exemplo claro é *A falecida*, pelo título e pelo enredo: a estória de uma mulher do subúrbio que, depois de ter traído o marido e ter sido descoberta por uma vizinha, mergulha num processo de culpa e hipocondria que acaba por conduzi-la à morte. Sua obsessão a leva a querer preparar minuciosamente seu enterro, indo à funerária, escolhendo o caixão, pois desejava ter um enterro de muito luxo.

Sobre a concepção do filme *Nelson Cavaquinho*, Leon Hirszman explica:

> Pretendia mostrar o aspecto popular da Zona Norte.
> Mostrar o povo. Esse filme foi importante para mim dentro
> do marco pós-Ato Institucional n. 5. Era uma forma de
> protestar e dar relevo ao povo [...] *Nelson Cavaquinho* é
> um filme improvisado que dava continuidade às ideias
> que surgiam. Era um teste para a minha segurança.
> Improvisação é uma forma para sentir-se mais seguro.
> Você está inseguro e se solta, para ver como está, então
> aparece a resposta.[154]

O filme foi feito em três dias:

> Simples, poético, em preto e branco (35 mm), som
> direto, o documentário retrata o cotidiano do compositor,
> então com 59 anos, em sua pequena casa em Bangu.

---

154   Helena Salem, *Leon Hirszman, op. cit.*, p. 187.

> Nelson Cavaquinho fala do pai e da mãe (que era lavadeira
> de um convento), suas músicas, enquanto a câmera se
> alterna entre a sua expressiva figura e o universo despojado
> do compositor: a cozinha, o quarto, Nelson sentado na
> cama, um colchão no chão, as galinhas pela casa, um dia
> de feijoada na escola de samba Mangueira, os amigos, o
> boteco. Com intimidade e respeito, sobretudo absoluta
> delicadeza. [...] O tom do filme é sóbrio, acompanhando
> o personagem, num olhar não exatamente triste, mas que
> também não é alegre.[155]

Como disse Glauber, "A câmera observa ou se move no mesmo ritmo, sem precipitação nem inquietação [...]"[156].

Um dos fundadores do cinema novo, no início dos anos 1960, Leon Hirszman (1937-87) tem uma obra profundamente vinculada aos temas brasileiros e populares. Entre seus filmes estão *Pedreira de São Diogo*, um dos cinco episódios de *Cinco vezes favela*, *Maioria absoluta* (curta), *A falecida* (longa), *Nelson Cavaquinho* (curta), *São Bernardo* (longa), baseado no romance de Graciliano Ramos, *Partido alto* (curta), *ABC da greve* (curta) e *Eles não usam black-tie* (longa), baseado na peça de Gianfrancesco Guarnieri.

> Claro, cada filme não pode ser reduzido a uma única
> referência. Porque cada filme é um universo. Mas Leon
> Hirszman, desde o início de sua produção profundamente
> vinculado ao movimento político-cultural dos anos
> 1950-60, é imediatamente associado ao cinema de cunho
> nacional popular. O que é um fato. Marxista, membro do
> PCB, um dos fundadores do Centro Popular de Cultura
> da União Nacional dos Estudantes em 1961, flamenguista,
> apaixonado por música popular brasileira, morador de
> Vila Isabel e frequentador da escola de samba Mangueira,

---

155   *Ibidem*, p. 188.

156   Glauber Rocha, *op. cit.*, p. 414.

em sua vida como em sua obra, Leon voltou-se essencialmente para o Brasil e as questões populares.[157]

Sobre ele, Bernardo Bertolucci disse:

> Leon é daqueles casos bastante raros no qual é quase impossível separar o artista do homem. Na verdade, eu diria que artista e homem são um todo absolutamente indivisível. Porque, de um lado, ele falava de uma maneira tão visionária, tão politicamente avançada, era transgressivo, único. E tudo isso ia se fundir depois com aquele diretor, aquele artista que fazia aqueles filmes igualmente visionários e transgressores, exatamente como era o homem. Para nós que nos formamos nos anos 1960, não existia a vida de um lado e o cinema de outro. Existiam somente juntos e eram fundidos: o cinema e a vida eram a mesma coisa.[158]

E Glauber Rocha:

> Quando cheguei ao Rio (em 1959), fui [...] jantar no Alvadia, o célebre restaurante do Beco da Fome que alimentou três gerações do cinema brasileiro. Ali conheci Leon. Louro, magro, ágil, histérico, lúcido, visionário, o jovem Eisenstein. [...] A tragédia nascida da luta de classe: a dor de morrer a cada instante antes das utopias, a solidariedade com os oprimidos, fracos, o desprezo pelo falso – um cinema radical/iluminante que permanece vivo na memória em maravilhosa convivência com a inteligente sensibilidade do espectador.[159]

---

157   Helena Salem, *Leon Hirszman, op. cit.*, p. 430.

158   *Ibidem*, p. 125.

159   *Ibidem*, p. 87.

Um depoimento do artista plástico e fotógrafo Mário Carneiro, que fotografou o curta, joga mais luz para penetrarmos no universo do filme:

> O Leon sempre gostou da minha fotografia em preto e branco, em *Couro de gato*, *Porto das caixas*. Acho que ele me chamou por isso, pelo próprio ambiente em que o Nelson Cavaquinho vivia, a pobreza, aquela coisa rarefeita que era a casa do Nelson. Aquela boêmia assumida realmente do Nelson, que praticamente não tinha parente nenhum. Ele achou que tinha de filmar um ambiente que era a pobreza, que estivesse muito na imagem mesmo.[160]

Segundo ele:

> o Leon tinha uma cabeça muito clara do que queria fazer. E tinha uma delicadeza com o assunto, e no caso era o Nelson. Era um diretor de deixar a coisa fluir o mais natural possível, espontânea. Ao contrário dos primeiros filmes dele, mais construídos, esse foi se desenvolvendo um pouco dos momentos do Nelson. [...] Era bem documentário mesmo, no sentido de documentar o que aparece, indo pela casa adentro, o colchão no chão, a vizinhança, quem chegava entrava no filme, tudo foi sendo aproveitado.[161]

Como notou Helena Salem, é interessante observar que Mario fala da clareza de Leon e o próprio Hirszman mencionou suas dificuldades naqueles tempos de pós-AI-5, e o recurso ao improviso como meio de recuperar sua segurança. A clareza, então, queria dizer que ele precisava se soltar para se redescobrir:

> Através do retorno ao seu mundo conhecido – do samba, da Zona Norte, da cultura nacional e popular –

---

160   *Ibidem*, p. 189.
161   *Ibidem*, p. 190.

mas com a liberdade de reenxergá-lo para se redefinir. Certeza e incerteza umbilicalmente ligadas, à procura do novo. Que resultaram numa pequena obra-prima, na qual Hirszman exercitou toda a sua generosidade, inteligência e sensibilidade de grande documentarista.[162]

Ainda sobre o filme, Leon explica que não se trata de cinema verdade, no sentido que Glauber dava a esse tipo de cinema muito praticado pelo cinema novo, "um tipo de documentário em que se usa o som direto, entrevistando pessoas, personagens, e recolhendo som da realidade, fotografando de uma forma direta, procurando captar o maior realismo possível, daí a palavra verdade; ou seja, um tipo de documentário que procura pelo som e pela imagem refletir uma verdade, uma realidade"[163]. A concepção que orienta o filme de Leon é a do cinema direto. Diz ele:

> Não vejo o cinema direto como cinema verdade, mas apenas como a utilização de um instrumento técnico mais avançado que nos permite captar imagens e sons diretos, sincronizados, como existem na realidade, para depois dar-lhes uma construção segundo uma linha de pensamento que sirva às pessoas, no sentido de transformá-las. Mas o cinema direto não influi, por isso mesmo, dando maior ou menor liberdade, não é uma via para colher a verdade, visto que, de outra maneira, substituiríamos a posição do homem frente à realidade, e a arte não seria outra coisa que um fator de globalização da realidade.[164]

Seguindo o roteiro, ele canta "Pimpolho moderno" (Nelson Cavaquinho e Gerson Argolo Filho), estória de um menino pequeno que já quer ser malandro, saber de mulher, fumar charuto, ir ao barbeiro. Na cena, Cavaquinho está sentado,

---

162 *Ibidem.*

163 Glauber Rocha, *op. cit.*, p. 71.

164 Helena Salem, *Leon Hirszman, op. cit.*, p. 151.

bebendo cerveja, rodeado de crianças, que inclusive bebem ou simulam beber também: "Dos filhos meus, o caçulinha é o fim/ Saiu ao pai, ele é igualzinho a mim". É nessa cena que Cavaquinho aparece segurando um pintinho na mão, na mesa do bar. Fica um pouco com o animalzinho na mão e depois solta. Não sei explicar, mas essa cena causa um impacto, talvez pela inocência, brancura e fragilidade do pintinho, ali, na mão de Nelson, num ambiente cinza, uma cena ambígua, pois não causa ternura, e sim estranhamento. É um humor estranho. A presença das crianças bebendo cerveja na garrafa dos adultos, uma menina pequena com muita sensualidade...

"Caridade", diz o sambista, "é o samba mais sincero que eu fiz": "Não sei negar esmola a quem implora caridade", pois "Sei que a maior herança que eu tenho na vida/ É meu coração, amigo dos aflitos". Na sua voz rouca, vibram bondade e compaixão. Amor ao próximo, aos necessitados: caridade, máxima moral que faz ecoar os ensinamentos bíblicos contidos, por exemplo, em "Caridade aos pobres", versos do "Eclesiástico": "Não faças sofrer aquele que tem fome,/ não irrites o homem na sua indigência./ Não agites mais um coração exasperado,/ não recuses teu dom ao necessitado"[165]. A espiritualidade de Nelson Cavaquinho transborda em muitas canções. Boêmio, embriagado e espiritualizado: não há nele dicotomia entre carne e espírito. É embriagado que ele consola os necessitados, pois, diz ele, esta é a natureza de "meu coração, amigo dos aflitos". E aqui, mais um elo com o cineasta, amigo dos fracos e oprimidos.

Na sequência, o antológico "A flor e o espinho" (Nelson Cavaquinho, Guilherme de Brito e Alcides Caminha), em que a dor pede passagem, dor do amor não correspondido: "Tira o seu sorriso do caminho/ Que eu quero passar com a minha dor". Como contraponto sutil e bem-humorado à dor, a câmera persegue uma bela jovem tímida que se esconde na mesa em que Nelson está sentado com os amigos, na quadra da Mangueira.

O diretor de fotografia Mário Carneiro contou que Nelson ficou angustiado porque perdeu um sobrinho durante a filmagem: "Durante a filmagem, começou a chover muito e veio a notícia que um sobrinho dele, que estava mexendo em fios de alta-tensão, levou um choque e morreu eletrocutado. O Nelson ficou

---

165 "Eclesiástico", em: *Bíblia de Jerusalém: Novo Testamento, op. cit.*, p. 1.149.

muito chocado, chorou na hora"[166]. No filme, ele menciona a morte do parente: "Eu tou contrariado por causa do meu sobrinho [...] tou com aquela mágoa, aquelas coisas. Não estou como naqueles dias, aquela alegria". Mais adiante, referindo-se a um amigo, ele diz: "Ele é um dos sofredores comigo aí... Ele sabe sofrer também, perdeu a velha dele. [...] Eu estou na base de esperar a minha vez. Mas ainda eu não vou agora, não. Temos que comer muita rabada com batata ainda, o que é que há? [*risos*]"[167].

E então a morte faz sua aparição em "Revertério" (Nelson Cavaquinho, Guilherme de Brito), com estes versos impactantes: "Do pó viestes e para o pó irás", máxima presente no *Antigo Testamento*, "Gênesis": "Pois tu és pó/ e ao pó retornarás"[168]. Nelson Cavaquinho faz o elogio da pobreza, através de um jogo de oposição: a pobreza é sua riqueza, pois é a consciência da fragilidade e brevidade da nossa existência. O desapego do mundo material. Diz o samba: "Eu me considero rico em ser pobre [...]/ Tu também és um que viestes do pó".

O lado espiritual de Nelson Cavaquinho, com máximas que são provérbios e dizeres bíblicos, valores cristãos como compaixão, caridade, consciência da brevidade da vida, tonalizam a obra do sambista boêmio de um modo muito peculiar, sincero, direto, uma constelação de valores humanistas cintila em sua obra.

Em seguida, único momento de silêncio em todo o documentário, a câmera, com delicadeza, vai percorrendo a casa de Nelson, como um olhar que quer descobrir e revelar como vivia o sambista sem, no entanto, ser muito invasiva: um altar, um velho colchão no chão, depois o quarto, ele sentado na cama e fumando, a cozinha, as panelas, tudo muito pobrezinho, o quintal, galinhas.

A trilha sonora, "Eu e as flores" (Nelson Cavaquinho, Guilherme de Brito e Alcides Caminha), vai percorrendo o movimento da câmera. "Flores do mal", sinistras, pressagiam a morte do poeta: "Vai que amanhã enfeitaremos o teu fim".

Então, numa cena num bar, Nelson sentado numa mesa, rodeado de amigos, cantando "Vou partir" (Nelson Cavaquinho e Jair do Cavaquinho). A câmera se afasta, todos estão cantando, o bar vira um ponto de luz distante, iluminando o breu.

---

166   Helena Salem, *Leon Hirszman, op. cit.*, p. 188.

167   *Ibidem.*

168   "Gênesis", em: *Bíblia de Jerusalém: Antigo Testamento, op. cit.*, p. 38.

Elogio da pobreza, máximas bíblicas, humor, sofrimento, morte: com esses elementos, Nelson Cavaquinho cria uma das mais belas obras da música popular brasileira. E tudo isso está presente nesse curta-metragem, nessa joia que Leon Hirszman nos legou e que podemos, quem sabe, resumir nestes versos de Caetano Veloso: "O filme quis dizer 'Eu sou o samba'/A voz do morro rasgou a tela do cinema".

DISCOGRAFIA

Fala Mangueira! (Odeon, 1968) – com Odete Amaral, Cartola, Clementina de Jesus e Carlos Cachaça

Depoimento do poeta (Castelinho, 1970)

Nelson Cavaquinho (RCA Victor, 1972)

Nelson Cavaquinho (EMI Odeon, 1973)

Quatro grandes do samba (RCA, 1977) – com Candeia, Guilherme de Brito e Elton Medeiros

As flores em vida (Eldorado, 1985)

Quando eu me chamar saudade (EMI Odeon, 1990)

Ensaio (Warner, 2012)

A DELICADEZA VISCERAL DE ANGENOR DE OLIVEIRA (E NÃO AGENOR, COMO DIZEM OS DESCUIDADOS) É PATENTE QUER NA COMPOSIÇÃO, QUER NA EXECUÇÃO. COMO BEM ME OBSERVOU JOTA EFEGÊ, SEU PADRINHO DE CASAMENTO, TRATA-SE DE UM DISTINTO SENHOR EMOLDURADO PELO MORRO DA MANGUEIRA. A IMAGEM DO MALANDRO NÃO COINCIDE COM A SUA DURA EXPERIÊNCIA DE VIVER COMO PEDREIRO, TIPÓGRAFO E LAVADOR DE CARROS, DESCONHECIDO E TRAZENDO CONSIGO O DOM MUSICAL, A CENTELHA NÃO O AFETOU, NÃO FEZ DELE UM HOMEM EMBRUTECIDO E REVOLTADO. A FAMA CHEGOU ATÉ SUA PORTA SEM SER PROCURADA. O DISCRETO CARTOLA RECEBEU-A COM CORTESIA.

Cartola: samba, delicadeza e amor

Devias vir para ver os meus olhos tristonhos / E quem sabe sonhavas meus sonhos

CARTOLA, O HUMANO

Angenor de Oliveira, Cartola, "o Divino Cartola", como o chamava Lúcio Rangel, nasceu no dia da festa da Penha, 11 de outubro de 1908. A festa da Penha era a festa mais popular e importante daquele tempo: bandeirinhas enfeitavam a colina do subúrbio, o perfume dos quitutes das barracas das tias baianas envolvia a todos e o samba dos bambas impregnava a atmosfera: "Enquanto os fiéis pagavam promessas, subindo a longa escadaria ajoelhados e entoando cânticos à Nossa Senhora da Penha, entre um samba e outro, atabaques rufavam em louvor a Iemanjá e outros orixás, alimentando o sincretismo"[169].

Um dos dez filhos do casal Aída Gomes de Oliveira e Sebastião Joaquim de Oliveira, Cartola nasceu no Catete e, com 8 anos, a família mudou-se para Laranjeiras. Com 9 anos, completou o quarto ano primário. Esse período parece ter sido muito feliz: seu avô, que tinha uma boa situação econômica, gostava muito do menino e cuidava muito bem dele. Disse Cartola, aos 70 anos, com saudades de seu avô: "Antes do meu avô morrer, não havia pretinho mais bem vestido que eu em todo o bairro de Laranjeiras. Depois que ele morreu é que as coisas pioraram muito para mim"[170].

Era a época dos ranchos carnavalescos. Conta Cartola:

> Mas sejamos honestos. O micróbio do samba me foi injetado pelo velho. Eu era muito garoto quando saía com toda a família no Rancho dos Arrepiados. E com minha voz, que era boa, cheguei à ala do Satanás. Saíamos eu, papai, que tocava cavaquinho profissionalmente no bando, minha mãe e meus irmãos. A primeira vez que vesti uma fantasia – sabe lá o que é isso? Minha mãe caprichava mais comigo.

---

169 Arley Pereira, *Cartola: semente de amor sei que sou, desde nascença*, São Paulo: Sesc São Paulo, 1998, p. 14.

170 *Ibidem*, p. 27.

Eu era o primeiro homem de sua família. E, ainda, ouvi a velha dizendo pra papai que não adiantava chiar, eu era o seu filho querido. Parece uma bobagem, mas isso está marcado no meu peito até hoje.[171]

Aos 11 anos, morreu seu avô, acabou sua participação no rancho. A situação da família piorou bruscamente e precisaram mudar do bairro de Laranjeiras para a favela que se formava no morro da Mangueira. Cartola precisou trabalhar e estudar à noite: "Em resumo, trocaram os Arrepiados, a vida folgada dos ranchos, pelo ambiente proletário de onde iriam surgir no futuro as escolas de samba"[172].

Os ranchos tiveram forte influência na formação musical do menino. Nessa época, Cartola começa a aprender a tocar cavaquinho, sozinho: esperava o pai sair, pegava o instrumento e tentava repetir o que via que seu pai e outros músicos faziam no rancho. Depois, continuou seu aprendizado com as rodas de samba, no morro da Mangueira, para onde se mudara.

Na Mangueira, logo fez amizade com aquele que seria seu amigo e parceiro por toda a vida: Carlos Cachaça. Um pouco mais velho do que ele, seis anos, foi Carlos Cachaça quem o iniciou, para desgosto do pai de Cartola, no mundo da malandragem do samba.

De espírito boêmio, Cartola não parava no emprego. Era aprendiz de tipógrafo, não gostava, e a família precisava que ele trabalhasse. Diz ele: "Eu tinha inveja mesmo era dos pedreiros. Cada vez que passava em uma obra, via aquele pessoal trabalhando ao ar livre, assobiando para as garotas e, de vez em quando, ganhando uma delas. Eu queria aquilo pra mim"[173].

Sobre seu apelido, ele conta: "Consegui o emprego, mas no fim do dia a cabeça estava sempre cheia de cimento, que caía lá de cima. Arranjei uma cartola e passei a ir trabalhar com ela. Todas as manhãs escovava, deixava limpinha e desfilava. Foi quando nasceu o apelido"[174].

---

171   *Ibidem*, p. 28.

172   Marília Trindade Barboza da Silva e Arthur L. de Oliveira Filho, *Cartola: os tempos idos*, Rio de Janeiro: Funarte, 1983, p. 28.

173   Arley Pereira, *op. cit.*, p. 16.

174   *Ibidem*.

Aos 17 anos, Cartola perdeu sua mãe, em consequência de um parto. Deu à luz ao amanhecer e morreu antes do almoço, por falta de assistência médica: "O médico chamado só chegou depois de garantia de pagamento, quando não era mais necessária sua presença. Escapou por pouco de linchamento"[175]. Cartola disse: "Senti um troço no peito, mais pesado do que eu. E que eu não explicava pra ninguém"[176].

> Sem a proteção materna, desfilando orgulhosamente
> com o chapéu-coco que ele chamava de cartola, não
> querendo nada com o trabalho, brigando diariamente
> em casa, o menino entrou em conflito definitivo com o
> pai, que o expulsou de casa. Perambulando pela noite,
> namorando com o vigor de sua mocidade, bebendo nas
> tendinhas que já apareciam na favela e dormindo de dia
> nos trens de subúrbio que iam e vinham, Cartola acabou
> sabendo que fora abandonado, quando recebeu um recado
> do pai: "Vou-me embora deste morro, mas deixo aqui um
> Oliveira pra fazer vergonha".[177]

Que bilhete cruel! Abandonado e sozinho, Cartola caiu no mundo e começou a frequentar a zona do meretrício, onde contraiu muitas doenças venéreas e ficou muito debilitado.

Cartola arrumou um barraco para dormir, lá na Mangueira, mas só aparecia de vez em quando. Doente, magrinho, mal alimentado, ele ficava a maior parte do tempo na cama. A vizinhança ficou preocupada. Uma vizinha, Deolinda, casada com Astolfo e que tinha uma filha, era conhecida por sua generosidade; ficou comovida com a situação de Cartola e começou a cuidar dele: limpava o barraco, levava comida, agiu como faria uma mãe. Acabaram se envolvendo, o

---

175   *Ibidem*, pp. 16-7.

176   Sérgio de Oliveira, *Cartola*, Coleção Folha Raízes da Música Popular Brasileira, v. 3, Rio de Janeiro: MediaFashion, 2010, p. 12.

177   Arley Pereira, *op. cit.*, p. 17.

marido dela descobriu, abandonou-a. Esse mesmo Astolfo, anos depois, ficaria muito doente e seria recebido e tratado por ela e Cartola. Cartola, que vivia sozinho, agora estava cercado de gente: além de Deolinda, a filha e o pai dela, outros parentes dela chegaram e passaram a viver no barraco dele. Cartola era muito hospitaleiro, nunca negou abrigo aos necessitados.

Cartola fazia parte da turma mais barra-pesada da Mangueira, aquela que fundou um bloco, os Arengueiros, de gente disposta "a brigar, apanhar, bater, ser preso, topar qualquer parada"[178]. Arengueiro quer dizer briguento, criador de casos. Desse bloco, fazia parte Carlos Cachaça. Eles eram temidos e, além de bons de briga, eram bons de samba. Cartola percebeu isso e fez o samba "Chega de demanda".

Em 28 de abril de 1928, reuniram-se sete arengueiros na travessa Saião Lobato, número 21, residência de um deles, Euclides Roberto dos Santos – os outros seis eram Saturnino Gonçalves; Marcelino José Claudino; Angenor de Oliveira, o Cartola; Zé Espinguela; Pedro Caim e Abelardo da Bolinha – e fundaram a escola de samba Mangueira. "Cartola escolheu as cores e o nome. O verde e o rosa, lembrando o rancho dos Arrepiados de sua infância. Estação Primeira de Mangueira, ele gostava de contar o porquê: 'Tive a ideia de chamar Estação Primeira porque, contando a partir da Central do Brasil, era a primeira estação de trem onde tinha samba'"[179].

Carlos Cachaça, poeta muito inspirado, que já era seu parceiro, "encontrava na melodia de Cartola o casamento ideal para suas rimas, e vice-versa. Muitas vezes compunham juntos"[180]. Ele não participou da reunião da fundação da Mangueira, mas testemunhou a sua criação. Acompanhou Cartola em todos os momentos de sua vida e o viu encontrar em sua cunhada Zica, irmã de Menina, sua mulher, a companheira definitiva. Ao lado de Nelson Sargento, Carlos Cachaça foi quem melhor conheceu Cartola.

Cartola tinha muita facilidade para compor, "melodista inspiradíssimo (a simples audiência de seus sambas comprova: as melodias parecem que flutuam, que deslizam no ar, naturalmente), e criar hoje e esquecer amanhã não surpreendia

---

178 *Ibidem*, p. 21.

179 *Ibidem*, p. 22.

180 *Ibidem*, p. 23.

os que o conheciam", conta Arley Pereira[181]. O mesmo acontecia com Nelson Cavaquinho. Nelson Sargento conta que uma vez, numa roda de samba, tocou um samba lindo do Cartola, que quis saber quem era o autor. "Este samba é teu, Cartola, e como esse tenho mais uns dez que tu não te lembras", disse Nelson, rindo[182].

Foi com surpresa que Cartola recebeu a visita de um amigo, o guarda municipal Cláudio, que entrou no seu barraco:

> O Cláudio estava todo afobado. Um carro último tipo estava encostado no pé do morro e o dono procurava por mim. Dizendo que era meu primo, Cláudio quis saber do que se tratava e o elegante motorista não escondeu. Era o cantor Mário Reis e queria comprar um samba. Achei pura maluquice. Então samba se vendia? Pensei em ganhar uns dez mil-réis, mas o Cláudio mandou pedir logo quinhentos. Conversei com o Mário e, envergonhado, pedi trezentos mil-réis por "Infeliz sorte", e ele pagou na hora, sem titubear. Não gravou, mas repassou o samba para Francisco Alves, que acabou se tornando o meu maior freguês.[183]

Com a venda dos sambas, Cartola não abria mão da autoria. Sérgio Cabral, numa entrevista, perguntou a ele: "Apesar de ter vendido tudo isso, os sambas apareciam sempre com seu nome. Por quê?". Ao que Cartola respondeu: "É que vendia os direitos do disco. Por isso meu nome era mantido"[184].

A fama de Cartola começou a se espalhar pelo asfalto e "deu a ele a tranquilidade de que tanto gostava, dormir depois do almoço, conversar fiado no fim da tarde nas tendinhas e compor nas madrugadas, abraçado ao violão"[185].

---

181 *Ibidem.*

182 *Ibidem.*

183 *Ibidem*, p. 26.

184 Sérgio Cabral, *op. cit.*, p. 273.

185 Arley Pereira, *op. cit.*, p. 26.

A cidade foi até Cartola, pois ele dizia "que não iria implorar nada a ninguém. Quem quisesse samba seu que tratasse de sujar a barra da calça na lama das ladeiras de Mangueira e fosse buscá-lo no morro. Ele não iria à cidade"[186].

E foi isso que aconteceu. A cidade foi até o morro. Noel Rosa percebeu a qualidade musical do chamado samba de morro, daqueles criadores de origem humilde e que criavam tão belos sambas e buscou se aproximar deles. Passando as madrugadas nas tendinhas do morro, Noel se aproximou de Cartola.

Antes de Cartola, o samba de morro tinha a primeira parte e a segunda era improvisada. Cartola desenvolveu a segunda parte. Parece que ele e Noel compuseram juntos, mas pouco se conhece dos sambas da parceria. Conta-se que Cartola tinha pronta a primeira parte do samba "Qual foi o mal que eu te fiz?". Noel gostou e fez a segunda. Quando Francisco Alves comprou o samba, Noel não quis receber nada e alegou que o samba era só de Cartola. Ficaram amigos. Noel passou a frequentar a casa de Cartola, almoçava, jantava, dormia lá. Conta-se que Deolinda muitas vezes cuidou de Noel, indo buscar os dois bêbados em algum botequim. Quando Noel morreu, Cartola compôs "A Vila emudeceu", "um réquiem em forma de samba": "A Vila emudeceu/ Dolorosamente chora/ O que perdeu [...] Era o rei da filosofia"[187].

O compositor e maestro Villa-Lobos torna-se admirador de Cartola, que através dele faz *shows*, atua num filme de Humberto Mauro – *Descobrimento do Brasil* (1937) – e faz sua primeira gravação a bordo do navio Uruguai. Villa-Lobos frequentava a Mangueira e Cartola fez uma recepção a ele, convidando músicos da escola de samba. Quando apresentou ao maestro um samba novo, fascinado, Villa-Lobos exclamou: "Isso está tudo errado. Mas que beleza!"[188].

Em 1940, com o início da Segunda Guerra Mundial, o navio Uruguai chegou à baía de Guanabara. Trazia ilustres passageiros: o maestro Leopold Stokowski e sua All American Youth Orchestra, além de técnicos da gravadora Columbia[189]. Com o estúdio montado no navio, a missão do maestro, como parte da Política de Boa Vizinhança criada pelos Estados Unidos, era fazer apresentações de sua orquestra e gravar músicas típicas de cada país visitado. No Brasil, quem o ajudou

---

186   *Ibidem.*

187   *Ibidem*, pp. 28-9.

188   Sérgio de Oliveira, *op. cit.*, p. 19.

189   *Ibidem*, pp. 19-20.

nisso foi o maestro Villa-Lobos. Numa sessão que durou a noite toda, foram registrados mais de 40 fonogramas, com nada mais nada menos que Pixinguinha, Donga, João da Baiana. Entre os sambas estava "Quem me vê sorrindo", de Cartola e Carlos Cachaça, na voz de Cartola, a primeira gravação do Divino.

> Os primeiros anos da década de 1940 foram bastante
> felizes para Cartola. Foi escolhido Cidadão Samba, título
> cobiçado por todos os sambistas, e desfilou em carro
> aberto, com batedores da polícia abrindo caminho para
> ele, transformado em grande personalidade. A convite de
> seu amigo, o maestro Heitor Villa-Lobos, fez parte de um
> grupo carnavalesco intitulado Sodade do Cordão, levando
> com ele os mangueirenses Carlos Cachaça, Zé Espinguela e
> o novo parceiro, Aluísio Dias.[190]

Cartola vai se tornando cada vez mais famoso no mundo do samba, mas sem nunca abandonar a Mangueira. Levava sua vida com Deolinda, que cuidava dele e suportava suas farras e bebedeiras. Mas Cartola perde Deolinda, subitamente, de um ataque cardíaco, em 1948. Cartola tinha ido ao cinema sozinho, pois ela não quis acompanhá-lo, e, de um misto de tristeza e culpa, nasceu o samba "Sim": "Sim/ deve haver o perdão/ Para mim".

Para o Carnaval daquele ano, Cartola e Carlos Cachaça haviam composto o samba-enredo "Vale do São Francisco", para a Mangueira desfilar. No ano seguinte, eles concorreram de novo, mas o presidente da Mangueira, Hermes Rodrigues, tornou-se inimigo de Cartola e, para afastá-lo, escolheu um júri que desqualificou o samba do mestre.

Começou então um período muito difícil na sua vida. Sem Deolinda e injustiçado pela Mangueira, Cartola resolveu se afastar do morro da Mangueira, da escola, dos amigos e foi morar no Caju, iniciando um período muito obscuro e triste de sua vida.

Cartola sumiu. Muitos diziam que tinha morrido. Ninguém sabia onde ele estava. Passado esse momento ruim, ele não gostava de falar sobre isso. Só

---

190   Arley Pereira, *op. cit.*, p. 32.

dizia que, com a morte de Deolinda, metera-se em confusão que não valia a pena comentar.

Zica, Euzébia Silva do Nascimento, cunhada de Carlos Cachaça, ficou sabendo que Cartola tinha ido morar no Caju. Quando o encontrou, ele estava muito mal, entregue à bebida, vivendo de bicos, sem dentes e com aquele problema no nariz. Zica desde menina admirava o sambista. Apaixona-se por ele e começa a colocar uma ordem em sua vida. Voltaram para Mangueira. "O Brasil inteiro sabe que você é o Cartola da Mangueira. Ninguém nunca ouviu falar do Cartola do Caju. Vamos tratar de ir embora para o nosso lugar, que é em Mangueira", falou Zica. E foram morar ao lado da casa de Carlos Cachaça. E começa o renascimento de Cartola.

Lan Franco Vaselli, conhecido como Lan, era um dos mais respeitados cartunistas e profundo conhecedor de samba e de sambistas. Zica o procurou, para pedir apoio na recuperação de Cartola. Levou-o até o morro. Mesmo na Mangueira, Cartola continuava a beber muito. Lan ficou impressionado com o que viu e prometeu ajudar o casal. Aconselhou Zica a levar Cartola ao Café Pardellas, ponto de encontro de cantores e compositores. Foi difícil. Cartola estava muito fraco, abatido. Voltou para os botequins, desinteressou-se de tudo e Lan se afastou. Tentou voltar ao trabalho de pedreiro, mas não deu, pois estava muito fraco. Foi então que começou a trabalhar como lavador de carros, durante a madrugada, na Garagem Oceânica, em Ipanema. E foi aí que sua vida teve uma reviravolta.

Cartola lavava onze carros por noite. De madrugada, todo molhado, saía para tomar um conhaque para esquentar. Foi numa dessas saídas que o destino resolveu atuar a seu favor: enquanto bebia um conhaque, ele notou o olhar insistente de um homem alto e bem-vestido, que tomava café, do outro lado do balcão. Antes de ir embora, Cartola foi abordado por ele: "Desculpe, o senhor não é o Cartola da Mangueira?". Ele disse que sim, e o homem lhe deu um forte abraço e se apresentou: era o jornalista Sérgio Porto, conhecido como Stanislaw Ponte Preta, sobrinho do crítico musical Lúcio Rangel, um dos maiores admiradores de Cartola. Sérgio Porto era profundo conhecedor de música popular brasileira, assinava colunas em jornais, tinha programas de rádio, conhecia muito bem a carreira de Cartola e sabia de seu desaparecimento.

Sérgio Porto "imediatamente saudou a descoberta em sua coluna. Reclamou do desinteresse de cantores e fábricas de disco pela obra do mestre. Levou-o para trabalhar na Rádio Mayrink Veiga, onde tinha um programa. Com a ajuda de Lan e de seu tio Lúcio Rangel – famoso crítico, musicólogo e mais antigo admirador de Cartola, a quem, na década de 1930, chamava de 'Divino' –, levou-o a jornais, programas de rádio, bares, restaurantes"[191].

Cartola e Zica conseguiram um emprego de zeladores num prédio desapropriado no centro da cidade, na rua dos Andradas. Ocuparam o segundo andar: "Zica fornecia almoço durante o dia, marmita para os motoristas de ônibus e cobradores da região no período noturno e uma sopa para os participantes das reuniões da Associação das Escolas de Samba, que ocupava o primeiro andar"[192]. Mas o casarão logo foi demolido.

Zica e Cartola foram então morar num sobrado, na rua da Carioca, 53. A casa deles passou a ser o ponto de encontro dos amigos sambistas: Nelson Cavaquinho, Zé Kéti, Nelson Sargento, Elton Medeiros e o futuro bossa-novista Carlos Lira. As pessoas começaram a frequentar as rodas de samba e esse foi o início do que seria a casa de samba mais prestigiada do Rio de Janeiro nos anos 1960: o Zicartola. Zica cuidava da cozinha. Sambistas da Zona Norte, bossa-novistas da Zona Sul, jornalistas, como Sérgio Cabral, poetas, como Hermínio Bello de Carvalho, o frequentavam: "Era a época do Centro Popular de Cultura (CPC) e os estudantes iam ao Zicartola sorver os ensinamentos de brasilidade que norteariam suas atividades a partir daí. Aconteceu com Vianinha, com Cacá Diegues, com muitos outros. O Zicartola municiava todos os movimentos culturais que surgiram a partir e depois dele"[193]. Foi inaugurado no dia 21 de fevereiro de 1964. Foi o berço do *show Rosas de Ouro* (1965), dirigido por Hermínio Bello de Carvalho, e da peça *Opinião* (1964), de Oduvaldo Vianna Filho.

Nara Leão, a musa da bossa nova, gravou, em seu primeiro LP, três sambas que eram legítimos representantes da música que animava as rodas de samba do Zicartola: "Diz que fui por aí", de Zé Kéti, "Luz negra", de Nelson Cavaquinho e

---

191   Sérgio de Oliveira, *op. cit.*, pp. 25-6.

192   *Ibidem*, pp. 27-8.

193   Hermínio Bello de Carvalho *apud* Marília Trindade Barboza da Silva e Arthur L. de Oliveira Filho, *Cartola: os tempos idos, op. cit.*, p. 108.

Amâncio Cardoso e "O sol nascerá", de Cartola e Elton Medeiros. Cartola dizia que esse samba foi o que mais lhe rendeu direitos autorais.

Foi no Zicartola que Paulo César veio a se chamar Paulinho da Viola, por sugestão do jornalista Sérgio Cabral e de Zé Kéti. Zé Kéti foi um dos principais articuladores do Zicartola, ajudou a transformar a casa de samba num espaço cultural. E não podemos esquecer da cozinha chefiada pela Zica. Elton Medeiros disse que no Zicartola podia-se "encontrar essa comida com sabor brasileiro, você encontrava música com sabor brasileiro também. E um discurso com sabor brasileiro"[194].

O Zicartola tirou do esquecimento grandes sambistas, como o próprio Cartola, Nelson Cavaquinho, Ismael Silva, entre outros.

Hermínio Bello de Carvalho definiu assim o Zicartola: "Aglutinador de um movimento estético-cultural para o Rio de Janeiro"[195]. Foi lá que ele reencontrou Clementina de Jesus, cuja voz o havia impressionado numa Festa da Glória.

No dia 23 de outubro de 1964, Zica e Cartola se casaram. Disse Cartola: "Zica, nós já vivemos juntos há doze anos. Você está viúva, eu também. Que tal nos casarmos?". O casamento foi na Paróquia Nossa Senhora da Glória. Na véspera, Cartola deu a Zica de presente o samba "Nós dois": "Só nós dois/ Apenas dois/ Eternamente".

Escreveu Arley Pereira:

> O tradicional espírito carioca transformou o Zicartola em moda. Lotado todas as noites. Ouvir o violão personalíssimo de Nelson Cavaquinho, os novos sambas de Zé Kéti, o ritmo infernal de Elton Medeiros, a voz afinadíssima daquele menino Paulinho da Viola, tudo sob as bênçãos de Cartola, o mestre maior, era ritual que a cidade não poderia perder. Ainda mais com o tempero da Zica![196]

---

194 Maurício Barros de Castro, *Zicartola: política e samba na casa de Cartola e dona Zica*, Rio de Janeiro: Cobogó, 2023, pp. 132-3.

195 *Ibidem*, p. 113.

196 Arley Pereira, *op. cit.*, p. 50.

Mas o sucesso da casa não significou sucesso econômico. Quebrados financeiramente, o casal mudou-se para a casa do pai de Cartola. Pai e filho, com a mediação de Zica, estavam reconciliados. Ficaram lá até 1968, quando Cartola ganhou um terreno na Mangueira, doado pelo governo e, usando suas habilidades de pedreiro, construiu a casa praticamente sozinho.

Por conta da aproximação com os estudantes, fruto das noites de samba no Zicartola, Cartola foi convidado para uma série de apresentações que aconteciam na União Nacional dos Estudantes (UNE). Em *Cartola convida*, ele recebia grandes nomes do samba, sendo a maioria seus companheiros do Zicartola. Hermínio Bello de Carvalho o convidou para participar das gravações dos LPs *Fala Mangueira!* e *A enluarada Elizeth*.

Mas foi o paulista Pelão, J. C. Botezelli, quem produziu o primeiro LP de Cartola, em 1974: "Um dia, eu enchi a cara e me ajoelhei aos pés do Aloísio Falcão, que dirigia a gravadora Marcus Pereira: 'Pelo amor de Deus, eu tenho que produzir o Cartola'. O Aloísio também tinha enchido a cara e disse: 'Tudo bem, faz o disco, mas combinamos amanhã, que hoje já bebemos demais'"[197].

No dia seguinte, Pelão foi para o Rio falar com Cartola. A nata dos músicos de samba entraria em estúdio para esse primeiro disco. Sobre isso, escreveu Tinhorão: "Dirigidos por Horondino José da Silva, o maior violão de sete cordas do Brasil, o que fizeram esses músicos e ritmistas? Ofereceram ao velho Cartola, com aquele sentimento de alegre companheirismo do povo, a melhor, mais competente, mais criativa e mais bonita moldura musical que qualquer compositor-cantor poderia esperar, para nela exibir o seu talento"[198].

O repertório trazia músicas só de Cartola – "Acontece", "Tive sim", "Amor proibido", "Alegria" –, outras com novos parceiros – "Disfarça e chora" e "Corra e olhe o céu" (de Cartola e Dalmo Castello) – e parceiros antigos – "Sim" (Cartola e Osvaldo Martins), "O sol nascerá" (Cartola e Elton Medeiros), "Alvorada" (Cartola, Carlos Cachaça e Hermínio Bello de Carvalho), "Festa da vinda"

---

197 Sérgio de Oliveira, *op. cit.*, p. 36.

198 José Ramos Tinhorão, "*Cartola*: um disco de se tirar o chapéu", *Jornal do Brasil*, 11 jun. 1974 *apud* Marília Trindade Barboza da Silva e Arthur L. de Oliveira Filho, *Cartola: os tempos idos, op. cit.*, pp. 114-5.

(Cartola e Nuno Veloso), "Quem me vê sorrindo" (Cartola e Carlos Cachaça). O disco foi gravado em quatro sessões de estúdio.

Louvado pela crítica, o disco de Cartola causou grande entusiasmo. Maurício Kubrusly, que ouviu a fita antes de o disco ser lançado, anunciou: "Já está gravado o melhor disco do ano". José Ramos Tinhorão, grande historiador da música popular brasileira, escreveu: "É o primeiro LP de um dos poucos gênios da música popular brasileira". E profetizou: "Só a perspectiva histórica permitirá compreender sua verdadeira importância". Sobre o disco, ainda Tinhorão: "Assim, fica difícil apontar o que é melhor nesse disco sem defeitos desde a capa, onde Cartola sorri, por trás dos seus óculos escuros, numa foto granulada que o mostra indefinido e único como os insondáveis mistérios do seu próprio gênio criativo. Dizer qual dos sambas do disco é melhor? Mas como, se qualquer um deles só pode ser comparado aos de Nelson Cavaquinho, e quando se pergunta ao próprio Nelson Cavaquinho qual é o maior compositor brasileiro ele responde – Cartola?"[199].

Somente aos 65 anos de idade Cartola conseguiu gravar seu primeiro disco. Mas, logo em seguida, outros vieram. Dois anos depois, a Marcus Pereira encomendaria o segundo disco e, dessa vez, a produção ficaria a cargo do jornalista cearense Juarez Barroso. Profundo conhecedor da obra de Cartola, Juarez manteve a estrutura criada por Pelão, com pequenas modificações. O disco traria duas das mais conhecidas canções de Cartola, "As rosas não falam" e "O mundo é um moinho", e o samba filosófico de Candeia "Preciso me encontrar", num arranjo belíssimo, em que se destaca o solo do tema pelo fagote na introdução. "As rosas não falam" entrou na trilha sonora de uma novela da Globo. Esse disco também foi muito aplaudido pela crítica. Escreveu Tinhorão: "De fato, basta começar a rodar na vitrola esse maravilhoso *Cartola* e qualquer pessoa pode perceber logo a que alturas se pode elevar a produção de um gênio, quando sua obra é trabalhada com amor"[200]. E Ary de Vasconcelos: "Não quero ser precipitado. O ano de 1976 ainda não terminou, não chegou a hora do balanço final. Mas a verdade é que vai ser difícil roubar desse LP o título de melhor lançamento de

---

199   *Ibidem*, p. 115.

200   José Ramos Tinhorão, "Cartola: a música popular se embeleza com o lirismo que rouba de ti", *Jornal do Brasil*, 12 out. 1976 *apud* Marília Trindade Barboza da Silva e Arthur L. de Oliveira Filho, *Cartola: os tempos idos, op. cit.*, p. 117.

samba do ano"[201]. E Tárik de Souza: "*Cartola*, em que o compositor se supera em requinte poético e melódico. E o cantor se firma como indispensável intérprete de seu repertório e mesmo de alguns sambas alheios"[202].

Com o sucesso de seus discos, Cartola começou a fazer muitos *shows*. Foi quando estava se apresentando em Curitiba, fazendo um *show* com João No-gueira, pelo Projeto Pixinguinha, que Cartola recebeu a notícia da morte de seu pai. Fez o *show* aquela noite e na manhã seguinte foi para o Rio.

Em outubro de 1977, saiu o terceiro LP de Cartola, *Verde que te quero rosa*, agora pela RCA Victor, uma grande gravadora comercial. A produção ficou a cargo do jornalista Sérgio Cabral, que foi apresentado a Cartola por Lúcio Ran-gel, seu antigo e fiel admirador. Nas gravações foram mantidos vários músicos dos discos anteriores, bem como o arranjador Dino Sete Cordas. Para a canção "Autonomia" foi encomendado um sofisticado arranjo do maestro Radamés Gnattali – pedido do próprio Cartola –, que também tocou piano. O disco trazia uma parceria com Carlos Cachaça ("Tempos idos"), um samba-canção em agradecimento à cura de uma meningite ("Grande Deus"), a música feita para Zica na véspera do casamento ("Nós dois"), além de dois sambas de com-positores admirados por Cartola ("Pranto de poeta", de Nelson Cavaquinho e Guilherme de Brito, e "Escurinha", de Geraldo Pereira e Arnaldo Passos).

A festa dos 70 anos teve comemoração em casa com amigos, uma missa na igreja Nossa Senhora da Glória, onde Cartola foi batizado e fez a primeira comunhão, com a cantora lírica Maria Lúcia Godoy, acompanhada por Wagner Tiso e pelo coral da Universidade Gama Filho.

Seu quarto disco seria lançado em março de 1979. O disco trazia três músicas com seus velhos parceiros, Carlos Cachaça ("Ciência e arte" e "Silêncio de um cipreste") e Elton Medeiros ("Mesma estória"); dois novos parceiros: Roberto Nascimento ("O inverno do meu tempo" e "A cor da esperança") e Cláudio Jorge ("Dê-me graças, senhora"); uma parceria com Nuno Veloso ("Senões") e todas as outras seis músicas eram só de Cartola. "O inverno do meu tempo", que abre o disco e é uma das preferidas de Cartola: "No inverno do tempo, da

---

201 Ary de Vasconcelos, *Última Hora*, 11 out. 1976 *apud* Marília Trindade Barboza da Silva e Arthur L. de Oliveira Filho, *Cartola: os tempos idos*, op. cit., p. 118.

202 Tárik de Souza, *Veja*, 27 out. 1976 *apud* Marília Trindade Barboza da Silva e Arthur L. de Oliveira Filho, *Cartola: os tempos idos*, op. cit., p. 118.

vida/ Ó, Deus, eu me sinto feliz". Balanço de uma vida, com sabedoria Cartola acolhe a chegada da velhice, a passagem do tempo.

Quando ouviu o disco, Zuza Homem de Mello, emocionado, escreveu o artigo "Cartola de novo, para alegria geral", no qual conclui que "a música popular brasileira tem sua retaguarda garantida na pessoa simples desse artista que observa e registra poeticamente lições de vida, sob a mais tocante forma musical, que são os já falados e cantados 'lindos sambas do Cartola'"[203].

Sucesso, reconhecimento, melhora de vida, tudo isso era bom, mas a saúde de Cartola começava a piorar. Foi em 1977, depois de um *show* em Belo Horizonte, que um médico amigo percebeu um caroço no pescoço de Cartola. Ele só foi ver isso dois meses depois. No exame, foi diagnosticado que o quisto era um câncer na tireoide. Cartola foi operado e deveria, em seguida, fazer uma série de aplicações de cobalto. Não fez. Além disso, três meses depois, teve um derrame cerebral. Depois de uns dois anos, o câncer voltou e foi novamente operado. E sua saúde só piorava.

Em outubro de 1980, Hermínio Bello de Carvalho ofereceu a ele uma festa, "a minha última festa de aniversário", ele disse. No começo de novembro, sua internação final.

Quando a gente ouve os sambas de Cartola e conhece um pouco de sua vida, sente que a beleza de suas canções está presente em todos os momentos do seu cotidiano. Podemos dizer que a vida de Cartola é uma canção e que as canções de Cartola são sua vida. Arte e vida em comunhão.

Elegante, discreto, sincero, delicado, Cartola criou algumas das mais lindas canções da música popular brasileira: "O sol nascerá", "Alvorada", "O mundo é um moinho", "As rosas não falam", "Acontece", "O inverno do meu tempo", "Autonomia"...

Cartola cantou o amor, as ilusões perdidas, a passagem do tempo, sua Mangueira, sempre com muita emoção e elegância, sem se derramar. Deixa-nos

---

203 Zuza Homem de Mello, "Cartola de novo, para alegria geral", *O Estado de S. Paulo*, 17 mar. 1979 *apud* Marília Trindade Barboza da Silva e Arthur L. de Oliveira Filho, *Cartola: os tempos idos, op. cit.*, pp. 125-6.

profundamente tocados. A cada escuta, a consagração do instante, como diria Octavio Paz. E tudo isso através de melodias de beleza indizível, que tão bem se ajustavam à letra, que pareciam ter nascido juntas, o que às vezes acontecia e outras não.

Os sambas de Cartola criam outra dimensão: parece que o tempo para e que só existe o agora da canção. Foi assim comigo, quando ouvi pela primeira vez Gal Costa cantando "Acontece". Quando ouvi pela primeira vez Cartola cantar "O mundo é um moinho". Nunca mais esqueci esse momento, que ficou eternizado para mim.

Entrevistei Paulinho da Viola, quando estava escrevendo meu livro *Ensaiando a canção: Paulinho da Viola e outros escritos*, falamos do Cartola e ele contou:

> Cartola estava doente, no hospital da Lagoa, sozinho com a Zica. Ao mesmo tempo, eu que conheço um pouco a vida destas pessoas e sei que todas têm o seu drama – é uma coisa maior, o drama comum de todas as pessoas –, nós falamos de futebol. Pra mim ele estava ótimo, conversamos sobre o Fluminense, ele mexendo no pé. Cartola tinha o costume de mexer no pé. Deu um silêncio – o hospital, o andar estava meio vazio, a Zica estava afastada, ele abaixou os olhos, mexendo nos pés. Eu olhei para ele. Ele não olhou para mim. A frase que ele falou não só me comoveu muito... parece uma bobagem, mas não é, quando tem uma pessoa que você ama, você está dividindo esta coisa com ela e com todo mundo que você ama, admira. Ele disse assim, quase assim – ele me chamava de seu Paulo: "É, seu Paulo, a vida é isso aí". E em poucos segundos o que eu visualizei, o que eu vi, era uma vida inteira. Quase perdi a fala. Eu sabia o que ele estava falando. Eu sabia tudo o que ele estava pensando.[204]

Uns dias antes de Cartola partir, Carlos Drummond de Andrade escreveu a crônica "Cartola, no moinho do mundo":

---

204 Eliete Eça Negreiros, *Ensaiando a canção*, op. cit., p. 140.

Você vai pela rua, distraído ou preocupado, não importa. Vai a determinado lugar para fazer qualquer coisa que está escrita na sua agenda. Nem é preciso que tenha agenda. Você tem um destino qualquer e a rua é só passagem entre sua casa e a pessoa que vai procurar. De repente estaca. Estaca e fica ouvindo. "Eu fiz o ninho/ Te ensinei o bom caminho/ Mas quando a mulher não tem brio,/ é malhar em ferro frio".

Aí você fica parado, escutando até o fim o som que vem da loja de discos, onde alguém se lembrou de reviver o velho samba de Cartola: "Na floresta" (música de Sílvio Caldas).

Esse Cartola! Desta vez, está desiludido e zangado, mas em geral a atitude dele é de franco romantismo, e tudo se resume num título: "Sei sentir". Cartola sabe sentir com a suavidade dos que amam pela vocação de amar, e se renovam amando. Assim, quando ele nos anuncia: "Tenho um novo amor", é como se desse a senha para a renovação geral da vida, a germinação de outras flores no eterno jardim. O sol nascerá, com garantia de Cartola. E, com o sol, a incessante primavera.

A delicadeza visceral de Angenor de Oliveira (e não Agenor, como dizem os descuidados) é patente quer na composição, quer na execução. Como bem me observou Jota Efegê, seu padrinho de casamento, trata-se de um distinto senhor emoldurado pelo morro da Mangueira. A imagem do malandro não coincide com a sua. A dura experiência de viver como pedreiro, tipógrafo e lavador de carros, desconhecido e trazendo consigo o dom musical, a centelha, não o afetou, não fez dele um homem ácido e revoltado. A fama chegou até sua porta sem ser procurada. O discreto Cartola recebeu-a com cortesia.
Os dois convivem civilizadamente. Ele tem a elegância moral de Pixinguinha, outro a quem a natureza privilegiou com sensibilidade criativa, e que também soube ser mestre da delicadeza.

Em "Tempos idos", o divino Cartola, como o qualificou Lúcio Rangel, faz o histórico poético da evolução do samba, que se processou. Aliás, com a sua participação eficiente: "Com a mesma roupagem/ que saiu daqui,/ exibiu-se para a duquesa de Kent/ no Itamaraty".

Pode-se dizer que esta foi também a caminhada de Cartola. Nascido no Catete, sua grande experiência humana se desenvolveu no morro da Mangueira, mas hoje ele é aceito como valor cultural brasileiro, representativo do que há de melhor e mais autêntico na música popular brasileira. Ao gravar seu samba "Quem me vê sorrindo" (com Carlos Cachaça), o maestro Leopold Stokowski não lhe fez nenhum favor: reconheceu, apenas, o que há de inventividade musical nas camadas mais humildes de nossa população. Coisa que contagiou a ilustre duquesa.

Mas então eu fiquei parado, ouvindo a filosofia céptica do Mestre Cartola, na voz de Sílvio Caldas. Já não me lembrava do compromisso que tinha de cumprir, que compromisso? Na floresta, o homem fizera um ninho de amor, e a mulher não soubera corresponder à sua dedicação. Inutilmente ele a amara e orientara, mulher sem brio tem jeito não. Cartola devia estar muito ferido para dizer coisas tão amargas. Hoje não está. Forma um par feliz com Zica, e às vezes a televisão vai até a casa deles, mostra o casal tranquilo. Cartola discorrendo com modéstia e sabedoria sobre coisas da vida. "O mundo é um moinho"... O moleiro não é ele, Angenor, nem eu, nem qualquer de nós, igualmente moídos no eterno girar da roda, trigo ou milho que se deixa pulverizar. Alguns, como Cartola, são trigo de qualidade especial. Servem de alimento constante. A gente fica sentindo e pensamenteando sempre o gosto dessa comida. O nobre, o simples, não direi o divino, mas o humano Cartola, que se apaixonou pelo samba e fez do samba o mensageiro de sua alma delicada. O som calou-se e "fui à vida", como ele gosta de dizer, isto é, à obrigação daquele dia. Mas levava uma companhia, uma amizade de espírito, o jeito de Cartola botar em lirismo a sua vida, os seus amores, o seu sentimento do mundo, esse moinho, e da poesia, essa iluminação.[205]

Cartola pôde ler a crônica de Drummond, o que foi, para ele, uma grande felicidade.

O que dizer depois do que disse Drummond? Me atrevo. A canção-luz de Cartola continua a iluminar nossa vida, semeando delicadeza e amor em nossa alma. Presente através da escuta, presente através da memória, em harmonia com a vida, com simplicidade e delicadeza, o humano Cartola torna-se eterno.

---

205 Carlos Drummond de Andrade, "Cartola, no moinho do mundo", *Jornal do Brasil*, 27 nov. 1980 *apud* Arley Pereira, *Cartola, op. cit.*, pp. 10-1. (Carlos Drummond de Andrade © Graña Drummond. <www.leiadrummond.com.br> <www.carlosdrummond.com.br>.)

OS LINDOS SAMBAS DE CARTOLA

Cartola não existiu. Foi um sonho que a gente teve.
Nelson Sargento

"O SOL NASCERÁ"

"O sol nascerá", de Cartola e Elton Medeiros, é um samba profético. Segundo Jairo Severiano e Zuza Homem de Mello, "A carreira de Cartola divide-se em duas fases: a 'fase pobre', dos anos 1930 a 1950, em que teve somente catorze composições gravadas, e a 'fase rica', de 1964 a 1980, quando, redescoberto e consagrado, lançou a maior e melhor parte de sua obra. Pode-se dizer que essa segunda fase começa com o lançamento de 'O sol nascerá', que tem também especial significação para o coautor Elton Medeiros, pois é o seu primeiro sucesso"[206]. Esse samba marca o renascimento de Cartola, depois de ter andado sumido do morro da Mangueira, do samba, a ponto de muitos acharem que ele havia morrido. E nada mais emblemático que o nome desse samba.

Foi gravado por Nara Leão, em 1964, em seu LP de estreia, *Nara*. A musa da bossa nova apresentou a seu produtor, Aloysio de Oliveira, um roteiro das canções que queria gravar e nele havia a presença inesperada de sambistas do morro: Cartola e Elton Medeiros, em "O sol nascerá"; Zé Kéti, em "Diz que fui por aí"; e Nelson Cavaquinho, em "Luz negra". Presença inesperada do samba porque muitos, inclusive seu produtor, esperavam que Nara gravasse só canções da bossa nova. Aloysio, no início, não gostou da ideia, achava que aquela música não tinha a ver com a imagem da garota da Zona Sul. Nara insistiu e "O sol nascerá" foi um de seus grandes sucessos e um dos maiores de Cartola e Elton.

Samba que nasceu de um desafio: "Embora gravado em 1964 – no disco *Nara* – 'O sol nascerá' foi composto três anos antes, na casa de Cartola, na

---

206   Jairo Severiano e Zuza Homem de Mello, *A canção no tempo, op. cit.*, v. 2, p. 78.

época muito frequentada por Elton, Zé Kéti, Nelson Cavaquinho e outros sambistas"[207]. Cartola e Elton tinham acabado de compor um outro samba e nisso chegou um amigo. Mostraram a ele a nova composição e ele não acreditou que a música fosse deles e os provocou: se eram sambistas de verdade, que fizessem um samba ali, naquela hora, na frente dele. Assim foi criado este samba, que ficou pronto em 40 minutos!

É um canto de esperança, que anuncia a luz que volta a brilhar depois de uma tempestade. É a vida que renasce. De um ponto de vista mais intimista, o samba fala de um novo amor que surge depois que um velho amor termina: morre a saudade, nasce um novo amor. Com uma mirada mais ampla, podemos pensar na vida que renasce depois de um longo período de infortúnio. A metáfora iluminada que profetiza um renascimento.

O samba fala da volta da alegria – "A sorrir eu pretendo levar a vida/ Pois chorando eu vi a mocidade perdida". É um basta ao sofrimento, um desejo de novos tempos, de luz. O sorriso substitui as lágrimas. Aí há um ensinamento, baseado na observação dos movimentos da natureza, das mudanças que fazem parte da vida natural e afetiva: o sol vem depois da tempestade, a luz, depois da escuridão. Sabedoria popular. "Finda a tempestade/ O sol nascerá".

Este é um tema recorrente nas canções populares brasileiras. "O sol há de brilhar mais uma vez", canta Nelson Cavaquinho, em "Juízo Final", a volta da luz anunciando a esperança de um novo dia.

Um samba curto, com duas partes, cada uma com quatro versos. Na primeira parte, em modo maior, chama a atenção o salto intervalar de oitava no primeiro e terceiro versos: "A sor-rir" e "Pois cho-rando". Chama a atenção porque a melodia é toda fluente, um bonito desenvolvimento melódico com notas próximas, e esses saltos vêm como que interromper esse fluxo, trazendo uma outra luminosidade para o tecido melódico, o que reforça o sentido do samba: o sol que nasce.

A segunda parte vai para o modo menor, acentuando o tom lírico da letra, que terminará falando de amor.

---

207 *Ibidem.*

CARTOLA, PRIMEIRO LP, 1974

Cartola só irá gravar "O sol nascerá" dez anos depois, em seu primeiro LP, *Cartola* (1974), produzido por João Carlos Botezelli. A história é conhecida, mas não será demais lembrar dela.

"No início da década de 1970, seus sambas eram gravados por Paulinho da Viola, Clara Nunes, Elza Soares, Elton Medeiros, Noite Ilustrada e Claudete Soares, entre outros. Pelão lia a seu respeito nos textos do jornalista Arley Pereira e ouvia sua obra de forma diluída, aqui e ali, em um ou outro LP desses intérpretes, mas tinha um faro especial de que Cartola era o que havia de mais necessário, de mais essencial na música brasileira", escreve Celso de Campos Jr.[208].

Foi assim que Pelão ouviu Cartola cantar na Associação das Escolas de Samba do Rio de Janeiro e ficou encantado com sua qualidade vocal. Cartola cantava tão bem, a ponto de o crítico José Ramos Tinhorão escrever mais tarde: "De agora em diante, cantor que quiser gravar Cartola precisa ouvi-lo primeiro pra aprender". Antes de se despedir, Pelão disse a Cartola: "Um dia vou produzir um disco seu".

Pelão morava em São Paulo. Numa noite, quando fazia sua ronda pelos bares paulistanos, Pelão foi ao Jogral. Estava bêbado. Quem estava lá? Aluízio Falcão, produtor da gravadora Marcus Pereira. Pelão se ajoelhou na mesa ao lado dele e disse: "Aluízio, me deixa eu produzir o disco do Cartola, pelo amor de Deus!". Aluízio topou e marcaram uma conversa, sóbrios, para o dia seguinte. "Eu queria gravar o Cartola do jeito que ele era; como outros que eu gravei, eu procurei registrar o som de uma época".

Pelão buscou reproduzir no disco a atmosfera e a sonoridade das mesas de bar e das rodas que se formavam em torno dos músicos. A voz de Cartola conversando com os músicos aparece em algumas gravações.

Nesse disco, Cartola gravou "Disfarça e chora" (Cartola e Dalmo Castello), "Sim" (Cartola e Oswaldo Martins), "Acontece" (Cartola), "Tive sim" (Cartola), "O sol nascerá" (Cartola e Elton Medeiros), "Alvorada" (Cartola e Carlos Cachaça), "Festa da vinda" (Cartola e Nuno Veloso), "Quem me vê sorrindo" (Cartola e Carlos Cachaça), "Amor proibido" (Cartola), "Ordenes e farei" (Cartola e Aluízio Dantas) e "Alegria" (Cartola).

---

208   Celso de Campos Jr., *op. cit.*, p. 38.

O disco foi gravado em quatro sessões: 20 e 21 de fevereiro e 16 e 17 de março de 1974. Os músicos, escolhidos por Pelão, formaram um time de bambas do samba: Horondino José da Silva (Dino) e Jayme Florêncio (Meira), nos violões; Waldiro Tramontano (Canhoto) no cavaquinho; Raul de Barros, no trombone; Nicolino Cópia (Copinha) na flauta; Gilberto D'Ávila no surdo e no pandeiro; Milton Marçal (ou Mestre Marçal, para os devotos) na cuíca e na caixa de fósforos; Roberto Pinheiro (Luna) no tamborim e no agogô; Jorge da Silva (Jorginho) no pandeiro e no caxixi; e, finalmente, Wilson Canegal no ganzá e no reco-reco. Todos dirigidos por Dino, arranjador e maestro da roda, gênio do violão de sete cordas[209].

Na capa, uma foto de Cartola em preto e branco, granulada, e ele com os seus inseparáveis óculos escuros. Na contracapa, um texto de Sérgio Cabral, em que ele diz: "Finalmente um LP com o grande Cartola. [...] Aos 65 anos de idade, Cartola mostra neste disco a razão pela qual ele é uma legenda e uma lenda do samba. [...] Perguntei a Nelson [Cavaquinho] qual, na sua opinião, é o maior compositor de nossa música. Ele não hesitou – Cartola!".

Nesse disco, as letras de todos os sambas são românticas, não de um romantismo derramado, porque Cartola tem uma elegância e uma discrição que perpassam todo seu trabalho, que fazem parte de seu modo de ser e de seu estilo musical, pois ambos estão ligados, o poeta do samba é o poeta da vida, e vice-versa. Vida e arte estão entrelaçadas. Todos os sambas falam de amor, das diversas faces do sentimento amoroso: amores perdidos, "Disfarça e chora", "Sim"; amores felizes, "Corra e olhe o céu", "Alvorada", "Ordenes e farei"; amores que acabam, "Acontece", "Quem me vê sorrindo", "Amor proibido"; promessa de amor, "O sol nascerá", "Festa da vinda"; amores do passado, "Tive sim". Escreveu Aldir Blanc: "Em sua obra irretocável, por trás da economia das palavras, e às vezes sob o verniz romântico (que reforça o choque sentido), insinua-se o mais severo analista de quantos trataram o delicado tema das relações amorosas"[210].

Com uma linguagem simples e direta, usando algumas célebres metáforas, o estilo de Cartola é enxuto, não há excessos: ele encontra a justa medida para

---

209 *Ibidem*, p. 40.

210 Aldir Blanc, "Cartola", *Buteco do Edu*, 11 out. 2020.

expressar seus sentimentos. Melodias maviosas, que se entrelaçam de forma perfeita com a letra do samba, letra e música amalgamadas na unidade da canção e do sentimento.

Muitas lágrimas também se derramam de suas letras – "Disfarça e chora" –, mas mesmo seu choro é um choro "elegante", expressão da dor, sem exagero. E há uma sinceridade desconcertante em suas letras, como no antológico samba-canção "Acontece": "Se eu ainda pudesse fingir que te amo/ Ah! Se eu pudesse!/ Mas não posso, não devo fazê-lo/ Isto não acontece".

Sambas solares, que celebram a beleza da amada ("Corra e olhe o céu"), a esperança após a tempestade ("O sol nascerá"), a amada comparada à alvorada: o amor luminoso tem uma forte presença neste disco. Cartola é um poeta inspirado e creio que podemos ver na sua poética uma naturalidade que parece brotar da inspiração.

Os grandes nomes do jornalismo cultural louvaram esse trabalho de Cartola. "A incontestável obra-prima do mês, e, a julgar por raríssimas outras exceções, do ano inteiro de 1974", escreveu Tárik de Souza no jornal *Opinião*. "Deveria ser feriado", escreveu Walter Silva, na *Folha de S.Paulo*. E Nelson Motta, em *O Globo*, mostra todo seu deslumbramento com o disco de Cartola: "[...] o contato mais profundo e deslumbrante com a música de Cartola se concretiza ouvindo como um todo o seu LP assustadoramente simples, direto e inundado da poesia em seus sentidos mais fortes e vitais"[211].

"Alvorada", "Corra e olhe o céu"

Davi Arrigucci Jr., analisando o poema "Alumbramento", de Manuel Bandeira, escreveu: "Alumbramento é inspiração poética, iluminação que transfigura, que faz do mundo imagem, metáfora"[212]. Canta Cartola, em "Alvorada", dele, de Carlos Cachaça e de Hermínio Bello de Carvallho: "Você também me lembra a alvorada/ Quando chega iluminando meus caminhos tão sem vida". A amada é luz que ilumina o olhar do poeta e o mundo, alumbramento poético-existencial, porque sua luz inspira o samba e ilumina os caminhos do cantor.

---

211   Celso de Campos Jr., *op. cit.*, p. 42.

212   Davi Arrigucci Jr., *op. cit.*, p. 152.

Jean-Paul Sartre, em *Que é a literatura?*[213], compara o trabalho do poeta ao do pintor e do músico. Para ele, as cores, as formas, os sons musicais e a palavra do poeta são coisas que existem por si mesmas e não remetem a nada que lhes seja exterior. Essa aproximação entre diversos saberes e artes, a filosofia, a poesia, a pintura e a música é um tema que percorre a tradição da estética ocidental. Nesse sentido, Olgária Matos, em seu ensaio "*Theatrum Mundi*: filosofia e canção", escreveu: "Também Giordano Bruno, atribuindo à literatura e à poesia função moral e social, associa o verdadeiro filósofo ao verdadeiro pintor: 'os filósofos são de certo modo pintores e poetas; e os verdadeiros poetas, os verdadeiros pintores e os verdadeiros filósofos se admiram e se apreciam reciprocamente'"[214].

Há um momento em "Alvorada" que o sambista, tal qual um pintor, com suas tintas e tons, pinta uma tela, um quadro do amanhecer: "O sol colorindo" e "a natureza sorrindo, tingindo". Ele não só pinta a alvorada, como também confere a ela sentimentos humanos: "A natureza sorrindo". Essa capacidade de provocar uma visualização, de criar imagens através da palavra ou de um som, a sinestesia, é um dos elementos encantadores e fortes da canção popular. Às vezes, ao ouvir uma canção, você vê um filme imaginário e mergulha naquela atmosfera poético-musical.

Em outro samba solar, "Corra e olhe o céu", a beleza da amada tem o poder de espantar a tristeza e de criar a alegria. O samba termina com o poeta chamando a amada para olhar o céu. Esse olhar para o alto cria um momento sublime, de elevação, de ligação com o infinito, e esse momento, ao mesmo tempo, é um momento familiar, porque a imensidão traz uma saudação tão simples, cotidiana, traz um bom dia, como se o céu falasse aos homens, num instante de alumbramento, de iluminação súbita, onde o infinito se transfigura no finito na enunciação dessa saudação.

Melodicamente, esse samba é em tonalidade maior, uma primeira parte que se repete com pequenas alterações no final e, em seguida, vem o refrão, o chamado para o sol, o céu, o infinito. Se observarmos as frases melódicas, quando surge a palavra *alegria* e a chamada para olhar o céu, a melodia vai para a região mais alta, mais aguda. Podemos notar que o movimento melódico realça o texto

---

213 Jean-Paul Sartre, *Que é a literatura?*, São Paulo: Ática, 1999.

214 Olgária Matos, "*Theatrum Mundi*: filosofia e canção", *op. cit.*, p. 107.

poético: a chamada para que a amada olhe para o céu, para o infinito corresponde a um movimento ascensional da melodia e, como diria Davi Arrigucci Jr. analisando a poética de Manuel Bandeira, a presença do sublime no cotidiano.

"Acontece"

Foi nos anos 1970 que eu e minha geração descobrimos Cartola. Primeiro, através do LP de Paulinho da Viola, *A dança da solidão* (1972), no qual Paulinho gravou "Acontece". Depois, em 1974, com a gravação de Cartola, em seu primeiro disco, e a de Gal Costa, no LP *Temporada de verão*. Ficamos maravilhados com aquele samba lindo, aquela melodia e aquela letra que falavam de um modo tão simples e verdadeiro do fim de uma estória de amor.

Como dizia o filósofo Pascal (1623-62), citado em "Aos pés da santa cruz" (Marino Pinto e Zé Gonçalves): " O coração tem razões que a própria razão desconhece". Cartola ensina que há coisas que simplesmente acontecem e que a gente não tem poder sobre elas: não temos controle sobre nossos sentimentos, eles mudam, o coração é inconstante. Nesse sentido, vale citar o filósofo Montaigne, que escreveu em seus *Ensaios*[215]: "Se minha alma pudesse fixar-se, eu não seria hesitante [...] Mas ela não para e se agita sempre à procura do caminho certo". "Se eu ainda pudesse fingir que te amo" e "Isto não acontece". Aldir Blanc escreveu que há, em "Acontece", "essa tranquila constatação do que é irrealizável no amor [...] 'Você não merece/ mas isso acontece'"[216]. A canção ensina que não temos controle sobre nossos sentimentos. A impermanência tonaliza a dinâmica dos afetos. O coração é inconstante, os sentimentos vão e vêm, mudam, eu não posso saber o que vou sentir amanhã. Não há drama. Há uma constatação serena da dinâmica do amor, da transitoriedade dos sentimentos – "O nosso ninho de amor está vazio".

Há uma aceitação do que acontece, uma sensatez advinda de não brigar com a vida porque "nosso ninho de amor está vazio", mas de aceitar algo que não temos o poder de controlar, pois não mandamos em nosso coração. E, nesse sentido, podemos ver a presença do pensamento estoico, tão forte em nossos sambistas, nesse modo de não brigar com o destino, mas aprender a

---

215   Michel de Montaigne, *Ensaios, op. cit.*

216   Aldir Blanc, *op. cit.*

aceitá-lo. Uma das máximas desse pensamento diz que devemos querer o que nos acontece. Disse Sêneca: "Se aquiesces, de bom grado o destino te levará; se não, serás arrastado"[217].

E uma coisa que torna essa canção tão especial é a transparência, a sinceridade do poeta: o coração do poeta ficou frio. Não há evasivas, desculpas, mentiras. Apenas sinceridade. E o sujeito lírico parece consternado ao constatar que já não ama, mas não vai mentir, gostaria que fosse diferente, que ainda amasse, mas *isso não acontece* ele canta, fiel a seu coração.

Musicalmente, o samba-canção tem uma melodia lindíssima, e o segredo dessa beleza é enigma e pertence ao poeta. Não me atrevo a querer explicar. Em sua estrutura, ele é composto de apenas uma parte, que se repete, com algumas brilhantes modificações. Da primeira vez, no final há uma modulação inesperada, original, mas que soa natural. Depois ele modula para dó maior e depois volta para mi maior. Na segunda vez, no verso "Se eu ainda pudesse fingir que te amo", há uma coloração harmônica com a passagem do acorde de lá maior para o de lá menor. Fica lindo! O que demonstra seu incrível bom gosto.

Essa canção, ao mesmo tempo que fala do fim de um amor, é um conselho, um ensinamento à ex-amada: apela para que ela esqueça o amor vivido entre eles, pois assim evitará o sofrimento. O coração muda, é preciso aceitar e não sofrer em vão; aceitar que a transitoriedade faz parte da nossa existência e é melhor entender isso do que sofrer em vão, presa ao passado.

"Sim"

Samba sobre o perdão. Mas não se trata de ser perdoado por alguém, e sim por Deus. É uma conversa sincera e emotiva com o criador. Samba em duas partes, em sol maior, em que a primeira começa com uma afirmação e uma dúvida: "Sim/ deve haver o perdão/ Para mim". "Deve haver o perdão", mas ele não tem certeza se haverá. Nessa primeira parte, o sujeito lírico narra o que lhe aconteceu: fez uma promessa para encontrar um grande amor, encontrou, mas não foi feliz. Por isso sentiu raiva, blasfemou, indignou-se contra Deus, e todos estão contra ele.

---

217   Sêneca *apud* Olgária Matos, "*Theatrum Mundi*: filosofia e canção", *op. cit.*, p. 118.

Harmonicamente, é original o modo como o samba começa, com dois acordes, I grau sol maior com sétima, e IV grau, com a terça diminuída, dó menor com sétima. Isso se repete, dando maior presença a essa coloração harmônica original, resultante da terça diminuída do IV grau, no caso o dó. Na segunda parte, ele desenvolve e explica a sua indignação. Começa com uma máxima moral: "Todos erram neste mundo, não há exceção". Errar é humano. Mas, quando caem em si, são perdoados.

Sobre o perdão, a filósofa Hannah Arendt ensina que, quando alguém faz alguma coisa, não pode desfazer nem tampouco calcular tudo que a sua ação desencadeia. É da natureza da ação ser irreversível e imprevisível: "A única solução possível para o problema da irreversibilidade – a impossibilidade de se desfazer o que se fez, embora não se soubesse nem se pudesse saber o que se fazia – é a faculdade de perdoar". Perdoar "serve para desfazer os atos do passado, cujos 'pecados' pendem como espada de Dâmocles sobre cada nova geração". E, continua Arendt, "se não fôssemos perdoados, eximidos das consequências daquilo que fizemos, nossa capacidade de agir ficaria, por assim dizer, limitada a um único ato do qual jamais nos recuperaríamos; seríamos para sempre as vítimas de suas consequências, à semelhança do aprendiz de feiticeiro que não dispunha da fórmula mágica para desfazer o feitiço"[218]. O perdão é, pois, "o corretivo necessário aos danos inevitáveis causados pela ação". Sem ele, ficaríamos presos na trama tecida pelo erro, que não teria fim. Com o perdão, podemos recomeçar, voltar a agir e não a reagir. Ainda a filósofa: "O perdão é o exato oposto da vingança, que atua como re-ação a uma ofensa inicial"[219]. E, longe de pôr fim a ela, mantém todos os envolvidos enredados na ação.

Todos erram neste mundo e são perdoados. A indignação do sambista se dá porque só ele não foi perdoado. É essa a pergunta que percorre todo o samba: Se todos são perdoados, Senhor, por que só eu não sou?

O samba é uma conversa com Deus, onde o poeta mostra a sua indignação e sente a ausência do perdão diante da presença do infortúnio em sua vida. É como se, por ter blasfemado contra Deus, o que é considerado um pecado, sua vida tenha se tornado "um vale de lágrimas", como se a tristeza fosse um

---

218 Hannah Arendt, "A irreversibilidade e o poder de perdoar", em: *A condição humana*, Rio de Janeiro; São Paulo: Forense Universitária; Salamandra; Edusp, 1981, pp. 248-9.

219 *Ibidem*, p. 252.

castigo de Deus, uma prova de que o Senhor não o perdoou. Diferentemente do samba-canção de Gilberto Gil "Se eu quiser falar com Deus", no qual o poeta explica os passos para que esse contato se realize, aqui o poeta conversa diretamente com o criador, e reclama o que sente como injustiça e punição divinas: o fato de não ser perdoado.

"Quem me vê sorrindo"

Nesse samba de Cartola e Carlos Cachaça, um tema tão caro ao cancioneiro popular: a vergonha de mostrar o sofrimento, o pudor diante da dor. O sambista sorri para conter a dor.

O disfarce para esconder a dor é diferente da máscara social em que se busca aparentar o que não se é por vaidade ou para obter algum proveito, pois aqui, ainda que se trate de um ocultamento do olhar social, não se trata de uma astúcia, mas de um modo de preservar sua intimidade, uma defesa de sua dignidade. No pensamento em que quem chora ou sofre é fraco, conseguir não chorar é demonstração de força interior, ainda que, no íntimo, a dor permaneça. Mais do que um disfarce, um modo estoico de resistir à dor. Lembrando Nelson Cavaquinho: "Feliz aquele que sabe sofrer".

Esse tema, disfarçar a dor, não a demonstrar, não sucumbir ao sofrimento, está presente, por exemplo, no samba "Rugas", de Nelson Cavaquinho, Augusto Garcez e Ari Monteiro – "Finjo-me alegre, pro meu pranto ninguém ver" –, no samba-canção "Óculos escuros", de Valzinho e Orestes Barbosa – "Teus óculos escuros colocastes/ E me fitastes/ Tentando assim o pranto disfarçar". Os óculos escuros tentam encobrir, de modo vago, com suas lentes esfumaçadas, a tristeza que é denunciada pela lágrima que rola na face.

CARTOLA, SEGUNDO LP, 1976

Zuza Homem de Mello, no livro *Copacabana: a trajetória do samba-canção*, escreveu:

> Foi com visível ansiedade que o jornalista Juarez Barroso
> convidou-me para ouvir em seu apartamento uma prova
> desse disco, o segundo de Cartola, que ele acabara de
> produzir. Nessa tarde ouvi um dos mais belos LPs brasileiros,

uma sequência de sambas e sambas-canção correspondentes à segunda fornada de um homem oposto à pretensão, o mesmo da foto da capa, ao lado de sua mulher, Dona Zica, debruçado no parapeito verde e rosa da janela de sua modesta casa, trajando uma simples camiseta branca e, mais uma vez, tentando disfarçar o nariz esquisito sob os óculos escuros. No seu interior, quatro sambas-canção de respeito e, mais uma vez, futuro refulgente: "O mundo é um moinho", "Peito vazio", "As rosas não falam" e "Cordas de aço".[220]

E, continua Zuza:

> A faixa de abertura, "O mundo é um moinho", é um samba-canção da mais fina estirpe: a flauta de Altamiro Carrilho irrompe na mesma melodia da segunda parte para entregar o vocal a Cartola – tendo atrás de si o violão de Guinga –, nos versos dirigidos à sua filha por adoção, disposta a sair de casa após uma desilusão amorosa [...]. Socorre a filha com um conselho carinhoso, ao antever o efeito de sua drástica decisão: [...] "Em cada esquina cai um pouco a tua vida/ Em pouco tempo não serás mais o que és". A segunda parte é um primor, com a letra se casando com a melodia, o mais exaltado predicado na obra de Cartola: "Ouça-me bem, amor/ Preste atenção, o mundo é um moinho/ [...] Vai reduzir as ilusões a pó". O arremate acentua essa marca de Cartola, com a nota mais grave da melodia recaindo em ajuste perfeito sobre a palavra "pés": "[...] Abismo que cavaste com os teus pés".[221]

O repertório do disco é o seguinte: "O mundo é um moinho" (Cartola), "Minha" (Cartola), "Sala de recepção" (Cartola), "Preciso me encontrar" (Candeia),

---

220 Zuza Homem de Mello, *Copacabana: a trajetória do samba canção (1929-1958)*, São Paulo: Editora 34; Edições Sesc São Paulo, 2017, pp. 291-2.

221 *Ibidem*, p. 292.

"Peito vazio" (Elton Medeiros e Cartola), "Aconteceu" (Cartola), "As rosas não falam" (Cartola), "Sei chorar" (Cartola), "Ensaboa" (Cartola), "Senhora tentação" (Silas de Oliveira) e "Cordas de aço" (Cartola).

O arranjador e diretor musical foi Horondino Silva, o Dino Sete Cordas, o mesmo do primeiro disco, que também toca seu antológico violão de sete cordas; Meira (violão); Canhoto (cavaquinho). No sopro, revezam-se o maestro Nelsinho (trombone), Altamiro Carrilho (flauta) e Abel Ferreira (sax tenor). Em participações especiais, Airton Barbosa, do Quinteto Villa-Lobos (fagote), o compositor e violonista Guinga (violão) e José Menezes (viola de dez cordas). O compositor Elton Medeiros no ritmo (caixa de fósforo, tamborim e ganzá), Jorginho na chefia do ritmo (pandeiro), Gilson (surdo), Nenê (cuíca e agogô) e Wilson Canegal (reco-reco e agogô).

Sobre esse disco, José Ramos Tinhorão escreveu:

> De fato, basta começar a rodar na vitrola esse maravilhoso *Cartola* [...] e qualquer pessoa pode perceber logo a que alturas se pode elevar a produção de um gênio, quando sua obra é trabalhada com amor. E desde a capa deste disco *Cartola* foi isto que aconteceu (a foto do compositor e sua mulher Zica, debruçados à janela de sua casa, na Mangueira, já vale por um convite a uma conversa de vizinhos), porque por trás de tudo esteve o tempo todo outra figura de talento: o jornalista, escritor e cartolista Juarez Barroso. Como se Juarez não quisesse morrer sem deixar um testamento perfeito de sua admiração pela verdadeira cultura do povo (e ele morreria, realmente, um mês antes de ser lançado o disco), tudo na produção do LP *Cartola* é irretocável. O repertório não apenas é do mais alto nível, mas o próprio Cartola como que se ultrapassa, derramando-se no requintado lirismo de um samba definitivo, "As rosas não falam".[222]

---

222 José Ramos Tinhorão, "Cartola: a música popular se embeleza com o lirismo que rouba de ti", *op. cit.*

"O mundo é um moinho"

O disco começa com um dos mais belos sambas-canção de Cartola: "O mundo é um moinho". Nele, o poeta, alguém experiente, que já viveu e que conhece o mundo, aconselha uma jovem a não partir, a não abandonar o lar, porque, se fizer isso, estará indo em direção ao abismo que ela mesma criará.

Nos primeiros quatro versos notamos o tom extremamente afetuoso do conselho – "Ainda é cedo, amor". E esse conselho é dado a alguém inexperiente e que está perdida – E essa jovem avisa que vai embora – "Já anuncias a hora de partida". Segundo Zuza Homem de Mello e outras pessoas, Cartola fez esse samba-canção para sua enteada, que, depois de uma desilusão amorosa, queria sair de casa.

Então temos uma pessoa vivida, experiente e afetuosa aconselhando uma jovem inexperiente, cheia de sonhos, que não encontra realização na vida que está levando e que quer sair para o mundo, a não partir.

Na segunda estrofe, o conselho continua: ele reforça o conselho, avisando para ela prestar atenção na natureza corrosiva do tempo, que a todos abate: ela não será sempre jovem.

E aí entra uma das mais belas e fortes metáforas da canção brasileira: "o mundo é um moinho". Se o mundo é um moinho, é porque ele destrói as ilusões: palco das ilusões perdidas, desencantado e desencantador, o mundo destrói os sonhos de felicidade. Os sonhos viram pó. O mundo é cruel, hostil, ameaçador, perigoso: um abismo que seduz os que não têm malícia nem experiência.

E o conselho continua: se ela insistir, estará cavando o próprio abismo, profundeza sombria de onde será difícil sair ou ser resgatada. E não poderá culpar ninguém, porque foi avisada, "abismo que cavaste com seus pés".

O mundo é um moinho: é da sua natureza destruir os sonhos, por isso há que se ter cuidado, prestar atenção. Ao idealizar o mundo, a jovem se torna cega para sua realidade, pois ele é cruel e voraz e, sem piedade, vai triturar seus sonhos. E por que "sonhos tão mesquinhos"? Porque são sonhos que não levam em conta a natureza do mundo, porque ela desconhece o mundo e, assim, seu sonho não poderá se realizar. O conselho quer evitar a catástrofe.

Falando do romance da desilusão, Georg Lukács escreveu algo que se aplica a essa canção: nesse samba, na figura da jovem que é aconselhada, há uma "inadequação que nasce do fato de a alma ser mais ampla e mais vasta que os destinos que a vida lhe é capaz de oferecer"[223]. E acrescente-se aqui o fato de se tratar do impulso juvenil de buscar novos horizontes. Seus sonhos são ilusórios porque não têm como se realizar no mundo que ela vive. O samba conta: o mundo é um moinho. Saindo em busca de aventuras, a jovem não conhece o real tormento da procura, não sabe que poderá perder-se, que poderá ser tragada pelo abismo que ela mesma criou. Daí a importância do conselho.

Walter Benjamin, em *O narrador*, diz que toda narrativa tem uma dimensão utilitária: "Essa utilidade pode consistir seja num ensinamento moral, seja numa sugestão prática, seja num provérbio ou numa norma de vida – de qualquer maneira, o narrador é um homem que sabe dar conselhos. [...] O conselho tecido na substância viva da existência tem um nome: sabedoria"[224]. A letra desse samba é um conselho, um ensinamento moral, contém sabedoria.

Como disse Olgária Matos, há nas canções brasileiras uma filosofia moral que "se constituiu na tradição da 'medicina da alma' e 'consolo da filosofia', pois ela se quer a ciência da vida feliz". Ela nos ensina "a lidar com os prazeres e dissabores, pois se apenas o impulso bastasse para desfrutar de todos os deleites e fugir das dores, ela perderia sua razão de ser". A filosofia moral que encontramos nas canções nos ajudam a viver, a compreender a nós mesmos e ao mundo que nos cerca: "A filosofia orienta os homens em meio ao emaranhado de enganos, prazeres equivocados e falsos juízos em que estamos enleados, no mundo e na vida"[225]. "O mundo é fonte de enganos, ilusões e desilusões, é labirinto sublunar; nele tudo é movimento e imperfeição, mentira e descaminho. Ele é uma roda, *um moinho*."[226] Como na canção, o conselho é necessário porque a fortuna, a sorte, pode ser, também, má sorte, se não vivermos com prudência: "Quando notares estás à beira do abismo/ Abismo que cavaste com teus pés".

---

223   Georg Lukács, *A teoria do romance*, São Paulo: Duas Cidades; Editora 34, 2000, p. 117.

224   Walter Benjamin, "O narrador", em: *Obras escolhidas*, São Paulo: Brasiliense, 1994, v. 1, p. 200.

225   Olgária Matos, "*Theatrum Mundi*: filosofia e canção", *op. cit.*, pp. 107-8.

226   *Ibidem*, p. 117.

"Peito vazio"

Uma linda e comovente parceria de Cartola e Elton Medeiros, "Peito vazio" é uma autorreflexão sobre a saudade e a tristeza que invadem o poeta diante da perda de seu amor, e assim, nesse estado, ele não consegue criar, fica sem inspiração: "sinto a alma deserta", ele canta. O seu peito fica vazio: "Um vazio se faz em meu peito/ De fato eu sinto em meu peito um vazio". Desertificado, sem inspiração, o eu lírico não consegue compor. Ausência de inspiração, ausência de calor. Aqui o poeta descreve a falta de ânimo e a tristeza que se abate sobre ele depois que perdeu seu amor. E o samba continua: "Procuro afogar no álcool a sua lembrança". Diante da tristeza, o poeta busca a bebida, beber para esquecer. Mas reage a essa fuga e segue o conselho dos amigos, não irá beber e "com o tempo esta imensa saudade que sinto se esvai".

O samba descreve o estado de desertificação que a perda do ser amado provoca, a busca de fuga no álcool e finalmente a lucidez e a sabedoria que vêm salvá-lo: a consciência de que o tempo irá amenizar essa dor, essa saudade. Esse samba é uma verdadeira anatomia da saudade. Como escreveu Eduardo Lourenço, em *Mitologia da saudade*: "A saudade, a nostalgia ou a melancolia são modalidades, modulações da nossa relação de seres de memória e sensibilidade com o Tempo"[227].

Temos nesse samba a descrição do melancólico, alguém que perdeu seu amor mas não consegue abandonar a sua lembrança. Freud, em *Luto e melancolia*, escreveu: "A melancolia se caracteriza, em termos psíquicos, por um abatimento doloroso, uma cessação do interesse pelo mundo exterior, perda da capacidade de amar, inibição de toda atividade e diminuição da autoestima"[228]. "Nada consigo fazer quando a saudade aperta." O fim desse amor parece tingir o mundo com a ausência de sentido. E o samba reflete o estado de espírito melancólico do poeta, pois a melancolia leva ao desencanto, impede a criação e o sujeito fica imerso na tristeza.

Há aqui um paradoxo: ao mesmo tempo que o poeta diz que "nada consegue fazer quando a saudade aperta", ele está fazendo um samba; ao mesmo tempo que a saudade desertifica sua alma, ela é fonte de inspiração e criação

---

227 Eduardo Lourenço, *Mitologia da saudade*, São Paulo: Companhia das Letras, 1999, p. 12.

228 Sigmund Freud, "Luto e melancolia", *op. cit.*, p. 172.

dessa canção. A melancolia possui esse ambíguo poder de, ao mesmo tempo, paralisar o poeta e ser fonte de inspiração. Esse conflito entre a alma criativa e a disposição à tristeza, em que o tema da prostração serve de inspiração para a criação, encontra-se presente na tradição renascentista e, em particular, em Montaigne: "Uma melancólica disposição de espírito, inimiga do meu temperamento natural, mas provocada pela tristeza da solidão em que vivo sumido há alguns anos, engendrou em mim a ideia de escrever"[229]. Paulinho da Viola, em "Tudo se transformou", tematiza isso também. Montaigne não diz que não consegue escrever: a melancolia é sua inspiração. Em Paulinho, a melancolia o paralisa e o inspira e aí está o paradoxo: ele compõe um samba novo em que diz que não consegue compor.

Sobre esse samba, escreveu Zuza Homem de Mello:

> Além de "O sol nascerá", a parceria de Cartola
> com o grande melodista Elton Medeiros resultou no
> samba-canção "Peito vazio", uma composição enxuta
> de dezesseis compassos repetidos tal e qual, exceto nos
> dois últimos da segunda vez, para finalizar. Em discurso
> absolutamente direto, Cartola lamenta a falta da amada
> que lhe inspira, tenta vingar-se no álcool, embora, ao
> garantir que não beberá mais, perceba que só com o
> tempo a imensa saudade que sente "se esvai", verbo
> perfeito para consumar um samba-canção que se dissipa
> melodicamente.[230]

"As rosas não falam"

Numa entrevista à *Folha de S.Paulo*, em 1978, dona Zica conta como esse sublime samba-canção nasceu:

> Nós temos uma roseira que compramos pequenininha,
> quando fomos passear nas Furnas e passamos numa

---

229 Michel de Montaigne, "Da afeição dos pais pelos filhos", em: *Ensaios, op. cit.*, pp. 181-2.

230 Zuza Homem de Mello, *Copacabana, op. cit.*, p. 292.

chácara. Chegou aí, (ele) plantou a roseira, deu para mais de mil rosas, foi uma coisa louca, ela ainda está ali. Um dia, eu conversando com ele ali perto da roseira, estava assim olhando a roseira, e molhando falei para ele: "Mas como tem dado rosa essa roseira, né, o que é que houve?". Diz ele: "Sei lá, elas não falam". Aí daqui a pouco ele veio pra dentro e me chamou: "Zica, vem cá ver". E daí começou a cantar pra mim "As rosas não falam".[231]

De uma conversa informal nasce a semente que iria se espalhar pelo Brasil. Aldir Blanc disse que nesse samba Cartola chega ao "extremo do lirismo e destrói seu arroubo em dois versos, 'Queixo-me às rosas/ Que bobagem as rosas não falam'. Em seguida, um verbo sofisticado soa com toda naturalidade na letra do sambista e o clima lírico se reconstrói: 'Simplesmente as rosas exalam/ O perfume que roubam de ti'. A letra termina contradizendo a esperança que, no início, batia em seu coração. É melhor que a musa veja os olhos tristonhos do cantor e sonhe por ele"[232].

Zuza e Jairo Severiano, escrevendo sobre o LP de 1976, comentam a delicadeza e o requinte das composições: "Cartola é um caso especial em nossa música popular. Homem de origem e vida modestíssimas, era, ao mesmo tempo, o poeta/compositor sofisticado"[233].

O poeta sente esperança, vai ao jardim e aí seu estado de espírito muda, pois ele sabe que sua amada não voltará. Então, ele se queixa às rosas: "Queixo-me às rosas, que bobagem as rosas não falam". O silêncio aparece aqui como consolo à queixa do poeta.

Silêncio e perfume. O elevado lirismo desse samba-canção transborda nestes versos: "Simplesmente as rosas exalam/ O perfume que roubam de ti". Não são as rosas que têm perfume, quem tem perfume é a amada, é a amada que perfuma as rosas que simplesmente "exalam o perfume que roubam" dela. Acho que esses versos estão entre os momentos mais altos do lirismo na canção popular.

---

231   Octavio Ribeiro, "O Cartola do morro", *Folha de S.Paulo*, 12 mar. 1978 *apud ibidem*, pp. 292-3.

232   Aldir Blanc, *op. cit.*

233   Jairo Severiano e Zuza Homem de Mello, *A canção no tempo, op. cit.*, v. 2, p. 225.

Momento intenso e delicado, no samba ele dialoga com a amada ausente, musa que tem o dom de perfumar as rosas. O perfume da amada é sua presença invisível, inebriante. Como diz Georges Didi-Huberman, "o perfume não é um traço, mas um vapor que faz com que a intimidade de um sujeito se toque"[234]. É um vapor, uma atmosfera que brinca com os limites das coisas. Que faz da ausência, presença.

"Cordas de aço"

"Cordas de aço", belíssimo samba-canção com melodia inspirada de Elton Medeiros, trata do amor do sambista por seu violão, seu instrumento. Belos sambas foram feitos para exaltar o violão. Canta Chico Buarque: "Quem canta comigo/ Canta o meu refrão/ Meu melhor amigo/ É meu violão". No samba de Cartola, é nele e com ele que o poeta chora suas mágoas. O afeto do sambista por seu violão: "Do violão que os dedos meus acariciam". Ele não toca o violão, ele o acaricia, traz o violão junto ao peito, perto do coração e conversa com ele: "Só você, violão/ Compreende por que/ Perdi toda alegria". Confidente, companheiro, o único capaz de entender seus sentimentos, sua tristeza. Entra agora uma luz de esperança, uma adivinhação que diz que a amada o está esperando e canta sua promessa de felicidade, num quadro de idílio amoroso. O violão solta "seu som da madeira", o poeta e a amada, os três juntos, voltando para casa, cantando.

"Preciso me encontrar"

Nesse disco, Cartola gravou dois sambas de outros compositores: "Preciso me encontrar", de Candeia, e "Senhora tentação", de Silas de Oliveira. Antonio Candeia Filho, o Candeia, grande sambista carioca e personagem ilustre do mundo do samba, é autor de "Filosofia do samba", "Minhas madrugadas", com Paulinho da Viola, e "Pintura sem arte". Para Cartola, "Preciso me encontrar" era a música mais bonita de Candeia.

O filosófico samba de Candeia exprime a inquietude de alguém que está infeliz, que se sente perdido, não sabe quem é e que, como diz o título, precisa se encontrar: "Deixe-me me ir, preciso andar/ Vou por aí a procurar, sorrir pra

---

234 Georges Didi-Huberman, *A vertical das emoções: as crônicas de Clarice Lispector*, Belo Horizonte: Relicário Edições, 2021, p. 44.

não chorar". Ele se sente preso, precisa de liberdade para poder saber quem é, buscar alegria e se afastar da tristeza.

Nesse caminho em busca de si mesmo, vai em direção à natureza. Para se encontrar, contempla a natureza, vai em busca de luz – "Quero assistir ao sol nascer" –, do movimento da vida – "Ver as águas dos rios correr" –, e da música da natureza – "Ouvir os pássaros cantar". Ele se retira, contempla a natureza, observa seu movimento e sua beleza e assim busca a força da vida, para nascer, para viver. Se ele quer nascer e quer viver, é porque não se sente vivo, se sente morto e quer renascer através da contemplação e do encontro com a natureza. É interessante esse movimento: sentindo-se perdido interiormente, subjetivamente, para se encontrar, ele busca forças no mundo exterior, na natureza, no mundo de fora. É como se o mundo lhe desse a chave para entender sua inquietude e angústia e, não só isso, o despertasse para o conhecimento de si próprio. Isto é muito bonito: é a natureza que tem a chave de seu mundo interno e, contemplando-a, ele se espelhará nela e buscará renascer. É a natureza que poderá iluminá-lo.

É um samba que toca fundo em nossa alma. Fala daqueles momentos em que precisamos nos afastar do mundo social para nos aproximarmos de nós mesmos. Na introdução, o solo e o timbre do fagote invadem nosso ser e parece que ali já está sendo dito tudo: o sentimento que brota do fraseado já cria uma atmosfera de busca, de inquietude. O samba é quase um apelo: "Deixe-me ir, preciso andar". Vai em busca da natureza, pois parece que só ela poderá acolhê--lo e ajudá-lo a ouvir a própria voz. É como se a natureza, na sua exuberância, movimento e simplicidade, o despertasse para sua própria natureza interior. O samba trata, com extrema beleza e sensibilidade desse momento incerto, angustiante, em que, apesar do lamento, há uma aposta no renascimento da vida.

Nesse sentido, Jean-Jacques Rousseau, em *Os devaneios do caminhante solitário*, escreveu: "Estas horas de solidão e meditação são as únicas do dia em que sou plenamente eu mesmo e em que me pertenço sem distração, sem obstáculos, e em que posso verdadeiramente dizer que sou o que desejou a natureza"[235].

---

235   Jean-Jacques Rousseau, *op. cit.*, p. 31.

"Sala de recepção"

Samba que é uma declaração de amor à Mangueira, sua escola de samba, visão do paraíso na terra. Cartola retrata o lugar, os valores, as pessoas que nela moram: "Habitada por gente simples e tão pobre/ Que só tem o sol que a todos cobre/ Como podes Mangueira cantar?". As pessoas da Mangueira são pobres, não têm bens materiais, não têm nada a não ser o sol, como podem cantar? O samba começa com essa pergunta que vai revelar a alma e os valores dos mangueirenses: as pessoas que lá habitam são pobres e são felizes, têm fé e oram, não desejam nada mais do que a natureza lhes dá, o sol, a lua, as estrelas, o que pertence a toda a humanidade e que não há dinheiro que possa comprar: "Pois então saiba que não desejamos mais nada,/ A noite e a lua prateada, silenciosa".

A felicidade mora lá e isso causa inveja às outras escolas, pois a Mangueira a todos acolhe, é uma sala de recepção, onde mora a felicidade e "se abraça o inimigo como se fosse irmão". Visão do paraíso possível aqui na terra, onde os homens vivem em comunhão entre si e com o universo.

VERDE QUE TE QUERO ROSA (1977)

Sobre esse disco, terceiro de Cartola, Tárik de Souza escreveu para a edição em CD: "Além de um dos autores formadores do samba, Cartola foi um intérprete excepcional, inclusive de composições alheias, como 'Pranto de poeta' (num dueto com Nelson Cavaquinho) e 'Escurinha', de Geraldo Pereira, nesta obra-prima de 1977 onde tudo cintila. Do acompanhamento de feras sob a batuta de Radamés Gnattali (e mais Dino, Altamiro, Abel, Marçal, Meira, Nelsinho) ao deleite de clássicos instantâneos na voz serena do autor, como 'Tempos idos', 'Autonomia', 'Grande Deus', 'Fita meus olhos' e a própria 'Verde que te quero rosa'".

Produzido por Sérgio Cabral, um dos maiores conhecedores da música popular brasileira, nesse disco Cartola canta 12 sambas, de diversas épocas, sete inéditos, algumas parcerias e dois de outros compositores de sua admiração, Nelson Cavaquinho, Guilherme de Brito e Geraldo Pereira: "Verde que te quero rosa" (Cartola e Dalmo Castello), "A canção que chegou" (Cartola e Nuno Veloso), "Autonomia" (Cartola), "Desfigurado" (Cartola), "Escurinha" (Geraldo Pereira), "Tempos idos" (Cartola e Carlos Cachaça), "Pranto de poeta" (Guilherme de Brito e Nelson Cavaquinho), "Grande Deus" (Cartola), "Fita meus olhos" (Cartola e Osvaldo Vasquez), "Que é feito de você" (Cartola), "Desta vez eu vou" (Cartola) e "Nós dois" (Cartola).

Os músicos que acompanham Cartola são Horondino Silva, o famoso Dino do violão de sete cordas, que fez o arranjo de onze das doze músicas, Meira (violão), Canhoto (cavaquinho), Dininho (contrabaixo), Altamiro Carrilho (flauta), Nelsinho (trombone de vara), Abel Ferreira (clarineta), e os ritmistas Wilson, Jorginho, Luna, Eliseu e Marçal.

Em uma faixa do disco, "Autonomia", Cartola canta pela primeira vez com grande orquestra dirigida por ninguém menos que o grande maestro Radamés Gnattali, que toca teclado nessa gravação. Sobre Radamés, diz Lúcio Rangel, na contracapa do disco: "Autor de inúmeras sinfonias, concertos, rapsódias e peças para câmara [...] Para ele a etiqueta 'erudita' ou 'popular' nada significa, e sim a qualidade da música". Vale lembrar que Radamés faria importantes trabalhos com outros grandes artistas da música popular, como o violonista Raphael Rabello e o compositor Tom Jobim.

"Verde que te quero rosa"

Samba de Cartola e Dalmo Castello, em que Cartola exalta a escola de samba Mangueira, que ele não só fundou mas para a qual escolheu estas duas cores, o verde e rosa, que se tornariam seu símbolo.

Como um pintor, que, quando cria um quadro, escolhe as cores que usará, o poeta vai criando imagens e pintando a esperança de verde, a paz, de branco, o amor de vermelho e a tristeza de negro.

No refrão, de modo poético e lúdico, o poeta mistura as cores em sua palheta, querendo que uma cor seja a outra: "verde que te quero rosa, é a Mangueira, rosa que te quero verde, é a Mangueira".

O pintor Paul Cézanne uma vez disse: "Quero pintar como cantam os pássaros". Parafraseando, podemos dizer que, nesse samba, Cartola quer cantar como se pintasse um quadro. Quadro de imagens singelas, com que Cartola abre seu disco cantando sua Mangueira. Lembrei de Heitor dos Prazeres e Nelson Sargento, ambos sambistas e pintores.

Na capa do disco, uma foto memorável: ele com seu inseparável par de óculos escuros, fumando, tomando café, segurando com uma das mãos a xícara verde e com a outra, um pires rosa. Talvez no gosto do café essas cores também se misturem. Verde que te quero rosa. Rosa que te quero verde.

"A canção que chegou", "Grande Deus"

Dois sambas de inspiração cristã, "A canção que chegou" (Cartola e Nuno Veloso) e "Grande Deus" (Cartola). Em "A canção que chegou", o poeta agradece uma canção que chega pela manhã e expulsa a tristeza de seu coração. Na introdução, os três versos revelam um despertar em dois sentidos, pois pela manhã ele acorda e encontra o que durante a noite estava procurando: "Na manhã que nascia encontrei/ O que na noite tardia desejei".

A canção não foi criada por ele, ela chegou ao poeta, é uma graça que recebeu, é a boa nova que ele atribui a Jesus: "E vou cantando alegre a felicidade que Jesus mandou". Podemos ver aqui representada a criação como obra de inspiração divina.

E acho que vale mencionar a noção de inspiração poética como alumbramento, na poética de Manuel Bandeira, tal como foi percebida por Davi Arrigucci Jr. Ainda que Manuel seja um poeta ateu e Cartola um sambista cristão, a noção de alumbramento se aplica aqui, quando a entendemos como uma espécie de epifania, uma "elevação do espírito num impulso ascensional para o sublime"[236]. Em "Itinerário de Pasárgada", a inspiração poética é entendida como súbita iluminação, como alumbramento. Quando o sambista diz que a canção chegou com a luz da manhã, temos configurada esta que é uma das formas da inspiração poética, o alumbramento. No caso de Cartola, a fonte dessa inspiração é divina, no caso de Bandeira não. Ela é misteriosa, mas não divina.

A canção chega e expulsa a tristeza, é luz que expulsa a escuridão. A recordação do passado é dolorosa e ele se volta para Deus, que o ajudou nos tempos de tormento – "E hoje me volto contente, cantando pra Deus que tanto me ajudou". Quem o ajudou nessa travessia difícil não foram os homens, foi Deus. Mas ele não quer cultivar rancores e ressentimentos, nem culpar as batalhas perdidas, o fracasso; não quer pensar no que aconteceu no passado, nem tentar justificar sua derrocada. Quer receber a graça, que ilumina e elimina as lembranças dolorosas e instaura um renascer inocente. A canção chega, bálsamo, luz, presente de Deus, e ilumina seu coração.

Essa canção é um canto de gratidão ao criador, um modo de agradecer a Deus pela graça-canção recebida: "Agradecido ao bom Senhor por me ajudar".

---

236 Davi Arrigucci Jr., *op. cit.*, p. 133.

Em "Grande Deus", há a ideia de que nosso destino é tecido por Deus, pelos dedos de Deus, mas, ainda assim, o ser humano pode errar. Errar aqui em dois sentidos: o de pecado, de fazer algo que não é bom, e o de errância, na medida em que há um caminho traçado por Deus e o ser humano pode se extraviar, se desviar, e ficar errando sem destino.

O samba é uma súplica e uma confissão. O poeta confessa que errou, não sabemos o que ele fez, apenas que falou algo que não devia. Em sua súplica desesperada, recorre a Maria, mãe de Deus.

"Eu errei, grande Deus, mas quem é que não erra" – o sambista confessa seu erro e se defende recorrendo à máxima moral de que errar é humano –; "quando vê seu castelo cair sobre a terra" – aqui, ele explica e justifica seu erro, seus sonhos foram frustrados, sua ilusão virou pó, ele julgou que seu sonho iria se realizar, estava completamente imerso nele e por isso errou.

Vale notar a presença do tema do perdão em vários sambas de Cartola. Como Hannah Arendt escreveu: "Se não fôssemos perdoados, eximidos das consequências daquilo que fizemos, nossa capacidade de agir ficaria, por assim dizer, limitada a um único ato do qual jamais nos recuperaríamos"[237]. Nessa medida, quando o sambista quer ser perdoado, ele quer se libertar das amarras das ações passadas e recuperar sua liberdade.

"Autonomia"

Em "Autonomia", Cartola tematiza a falta de liberdade do sambista que precisa, contra sua vontade, se afastar de sua amada. Na primavera, ele estará longe de seu amor sincero, mas estará pensando nele.

Impossível estar perto de sua amada, não pode evitar essa separação que ele não quer, mas que não depende dele, pois não tem autonomia para fazer o que deseja: "Ai se eu tivesse autonomia/ Se eu pudesse gritaria/ Não vou, não quero".

O sambista tem que partir contra sua vontade e não sabemos por que ou por quem é obrigado a isso. Ele não é dono de sua vida. Tem que se sujeitar a algo que não depende dele. Compara a sua situação à de um escravo, um ser que não tem liberdade, e diz que é preciso uma nova abolição para se libertar e fazer o

---

237 Hannah Arendt, *A condição humana, op. cit.*, p. 133.

que deseja: "Escravizaram assim um pobre coração/ É necessária nova abolição/ Para trazer de volta minha liberdade".

Esse belíssimo samba tem arranjo para grande orquestra regida pelo maestro Radamés Gnattali, que também toca piano. Momento belo de encontro e de abraço entre o samba e a música erudita. Radamés teve importante atuação também na música popular. Esse arranjo parece coroar esse trabalho. Escreveu seu amigo e biógrafo Arley Pereira: "A modificação desta vez ficou por conta do próprio compositor que, sempre procurando o refinamento, sofisticou a faixa 'Autonomia', pedindo arranjo do maestro Radamés Gnattali, de quem admirava o trabalho. A admiração era recíproca e Radamés fez questão de estar ao piano quando da gravação"[238].

Luiz Israel Febrot escreveu: "O sambista Cartola é essencialmente o samba-canção romântico, da melodia alongada suave e musicalmente triste, assim como a maioria de seus versos". E diz mais: "Há algo sutil em Cartola, que o identifica com a musicalidade, ritmo e a poesia de sua gente"[239].

O pianista e compositor Guilherme Vergueiro deu um depoimento sobre a música de Cartola para este livro. Eu havia ouvido uma gravação de "Autonomia" com ele e o Wayne Shorter, uma gravação ao vivo, belíssima, e fiquei encantada, porque na versão instrumental a beleza da melodia ressalta ainda mais. Beleza e forte emoção. Eu já conhecia esse samba, cantado pelo próprio Cartola, mas ouvindo foi um novo alumbramento. Aí escrevi ao Guilherme e pedi a ele que escrevesse um pequeno depoimento. E ele aceitou. E aqui está:

> Cartola, acho que podemos categorizar como um compositor brasileiro genuíno, que capta no ar suas melodias, de acordo com o sentimento que esteja em seu coração no momento, seja de alegria, tristeza, paixão etc. Nada técnico ou elaborado. A maneira mais pura de se compor música popular. Suas melodias sugerem várias formas e liberdades de harmonização, de acordo com a sensibilidade de cada intérprete. Assim que eu o vejo. Um genuíno compositor

---

238 Arley Pereira, *op. cit.*, pp. 57-8.

239 Luiz Israel Febrot *apud* Zuza Homem de Mello, *Copacabana, op. cit.*, p. 295.

popular, dotado de uma supersensibilidade capaz de captar no ar as mais belas melodias para todos os tipos de sentimento humano, com um olhar extraordinariamente brasileiro. É sempre uma grande emoção interpretar uma melodia de Cartola. (Guilherme Vergueiro, 8 jan. 2020)

"Desfigurado"

O nome desse samba é muito original. "Desfigurado" quer dizer transtornado ou demudado de feições, alterado. O sambista conta que as pessoas dizem que ele está desfigurado e que têm razão, porque a nostalgia, causada pelo seu fracasso amoroso, deformou sua aparência. Ele está cansado de implorar a Deus um amor, onde o encontrará?

Na segunda parte do samba, Cartola cria esta surpreendente imagem poética: por não ter encontrado o amor e não ter sido atendido em suas preces, seu "coração é pobre e magoado/ É infeliz como um menor abandonado". Coração infeliz como um menor abandonado. Pobre, porque está só; magoado, porque suas preces não foram atendidas e infeliz como um menor abandonado, porque não encontrou um amor ainda. Que imagem poética!

Cartola é mestre em criar imagens poéticas antológicas: o mundo é um moinho, as rosas não falam, o coração infeliz como um menor abandonado. São momentos da canção popular brasileira que ficam gravados para sempre em nossa sensibilidade.

"Tempos idos"

"Tempos idos", de Cartola e Carlos Cachaça, conta a história do samba desde o início até sua consagração como arte nacional, internacional e universal. Tempos idos porque se trata de rememorar o passado. Canta a expansão do samba, que começa na praça Onze: "Uma escola na praça Onze, testemunha ocular". No início, samba era sinônimo de malandragem. Depois, virou uma glória nacional[240]:

---

240 "Com a mesma roupagem/ que saiu daqui,/ exibiu-se para a duquesa de Kent/ no Itamaraty". Curiosamente, a menção de Cartola é feita à escola de samba irmã, a Portela. Foi a Portela que se apresentou à duquesa de Kent e à comitiva britânica diante do Itamaraty, em 13 de março de 1959. A visita, noticiada pela imprensa à época, terminou imortalizada na canção de Cartola. [N.E.]

como se deu essa passagem é o tema de que o antropólogo Hermano Vianna trata em *O mistério do samba*[241].

Da praça ele passou para os salões da sociedade, onde entrou sem cerimônia, e daí para o estrangeiro.

A última estrofe celebra as conquistas do samba, sua consagração, do Municipal ao universo.

Essa expansão interestelar acontece sem que ele mude seu jeito, mantendo sua roupagem, ginga, estilo, seu ritmo, sua melodia e arte.

"Pranto de poeta"

Samba de Nelson Cavaquinho e Guilherme de Brito, "Pranto de poeta" conta com uma pequena mas marcante participação de Nelson Cavaquinho, cantando uma frase, com sua inconfundível voz rouca: "Sei que alguém há de chorar quando eu morrer". O samba faz uma louvação à Mangueira, que não esquece um poeta quando este morre: "Em Mangueira, quando morre um poeta todos choram". O sambista quer ser amado e lembrado depois da morte. Mangueira ama e chora por seus poetas. E saber disso, saber que sentirão sua falta, traz tranquilidade ao sambista.

O choro na Mangueira é diferente, diz o samba. É um choro sem lágrima, um choro através da música, um "pranto sem lenço", um choro "através de um pandeiro e de um tamborim".

O pranto de poeta não tem lágrimas, é um pranto que alegra porque é música. O sambista é lembrado através de sua arte. A Mangueira não esquece seus poetas. E, assim, o poeta vive tranquilo e, mesmo na morte, não se sente só.

No final da gravação, Cartola agradece a Nelson Cavaquinho, que retribui e também agradece. E agora, quem agradece somos nós: obrigada, Nelson Cavaquinho, Guilherme de Brito e Cartola, por mais esse poema em feitio de samba.

"Que é feito de você"

Esse samba de Cartola tematiza a velhice, a perda da juventude, a decadência do corpo, do vigor e a falta de inspiração. "O que é feito de você, ó minha mocidade?" E a transformação do violão, seu companheiro de samba, em

---

241 Hermano Vianna, *op. cit.*

uma bengala, em apoio para poder caminhar: "Troquei-os sem sentir por um simples bastão".

Simone de Beauvoir, em *A velhice*, escreveu: "A lei da vida é mudar. O que caracteriza o envelhecimento é um certo tipo de mudança irreversível e desfavorável, um declínio"[242]. A velhice é algo que esperamos, porém, quando ela chega, somos surpreendidos. Sobre isso, escreveu o filósofo estoico Sêneca: "Viveste como se fosses viver para sempre, nunca te ocorreu a tua fragilidade"[243].

Com a chegada da velhice vai-se o vigor, a inspiração, a agilidade física. Disse o filósofo renascentista Montaigne: "Seria bom ficar velho se só caminhássemos para o aperfeiçoamento. É um movimento ébrio, hesitante, vertiginoso, informe ou semelhante ao de varetas que o ar maneja casualmente, a seu talante"[244]. E Goethe, escritor, poeta e pensador romântico: "A idade se apodera de nós de surpresa"[245].

Apesar de ser nosso destino, a velhice, quando chega, nos surpreende. É essa surpresa com a sua inevitável chegada, esse espanto diante de algo já esperado, que constitui o tema desse samba. Admirado com a mudança, o poeta se pergunta: "O que é feito de você, ó minha mocidade? O que é feito dos meus versos e do meu violão?/ Troquei-os sem sentir por um simples bastão".

A decadência que a velhice provoca causa espanto ao olhar dos jovens, transforma o ser humano em uma sombra do que ele foi, um fantasma, um esqueleto, imagem da morte, que mal consegue se equilibrar.

Na última estrofe, o sambista faz um retrato triste da velhice: "Pés inchados, passos em falso, olhar embaçado" – dificuldade para andar, dificuldade para ver. Solidão, falta de compaixão, falta de reconhecimento pelo que foi realizado na vida e saudade da mocidade. O sambista não espera mais nada de ninguém, só gostaria de ter inspiração, voltar a compor, tocar, cantar e recuperar sua juventude. Mas isso é um desabafo, pois ele sabe que o tempo não volta. Diz Simone de Beauvoir: "O drama do velho consiste amiúde em querer o que já não lhe é possível obter"[246].

---

242   Simone de Beauvoir, *A velhice, op. cit.*, v. 1, p. 15.

243   Lucio Anneo Sêneca, *Sobre a brevidade da vida, op. cit.*, p. 31.

244   *Apud* Simone de Beauvoir, *A velhice, op. cit.*, v. 1, pp. 178-9.

245   *Apud idem*, v. 2, p. 7.

246   *Ibidem*, p. 44.

"A idade modifica nosso relacionamento com o tempo: à medida que os anos vão decorrendo, vai se encurtando nosso futuro enquanto o passado vai se alongando. O velho pode ser definido como um indivíduo que tem uma longa vida às suas costas e uma esperança de sobrevivência muito limitada à sua frente."[247] Ainda Beauvoir: "A tristeza das pessoas de idade não é provocada por acontecimentos ou circunstâncias singulares: confunde-se com o tédio que os devora com o amargo e humilhante sentimento de inutilidade e de solidão no seio de um universo que para eles só tem indiferença"[248].

A velhice, assim como a morte, é inevitável e universal. Esse samba de Cartola é um retrato realista e amargurado da velhice: decadência física, falta de inspiração, falta de companhia, falta de gratidão, um retrato da carência a que estão condenados os velhos numa sociedade que cultua a juventude. Poderia ser diferente. Esse samba sincero acaba por ser uma espécie de denúncia da falta de humanidade de nossa sociedade.

"Nós dois"

Pedido de casamento em forma de samba que Cartola compôs para Zica, sua companheira, na véspera do casamento dos dois. Ele a pede em casamento – "Está chegando o momento de irmos pro altar, nós dois". E reflete sobre o que é o casamento e sobre a necessidade de pensar seriamente sobre isso. O casamento não pode ser um ato impensado, é um compromisso, tem duração e também restrições à liberdade da vida de solteiro. Cartola aqui faz uma exposição do que para ele é a ética do casamento, acabam as aventuras, a procura de novas paixões, e "Devemos trocar ideias e mudarmos de ideias nós dois". Precisam se entender para serem felizes. O casal se isola do mundo – "Nada mais nos interessa/ Sejamos indiferentes". Unindo-se para sempre, os dois formarão um mundo: "Só nós dois, apenas dois, eternamente".

Cartola e Zica viviam juntos havia doze anos. O casamento foi uma cerimônia linda, no dia 23 de outubro de 1964, na paróquia Nossa Senhora da Glória. Zica recorda: "Quando cheguei na igreja, eu ri à beça. Uma negra velha como eu (tinha 51 anos) com um casamento com aquela pompa toda! Todo mundo

---

247 *Ibidem*, p. 98.
248 *Ibidem*, p. 213.

da imprensa, da tevê, do cinema. As bandeirantes fazendo um arco com palma de flores, pra eu passar embaixo. Tive que dar mais de dez beijos no Cartola para o pessoal fotografar. A festa foi no Zicartola, com bolo de noiva e angu"[249].

CARTOLA 70 ANOS: "O INVERNO DO MEU TEMPO"

Quando estava prestes a completar 70 anos, Cartola compôs, em parceria com Roberto Nascimento, o belíssimo samba-canção "O inverno do meu tempo", em que tematiza a velhice, mas, diferentemente de "Que é feito de você", acolhe-a com sabedoria e resignação. As folhas do outono caem e chega o inverno, a velhice. Segundo Simone de Beauvoir, Hipócrates (considerado por muitos como o pai da medicina) foi o primeiro a estabelecer um paralelo entre as etapas da vida humana e as quatro estações da natureza, comparando a velhice ao inverno[250].

Chegou o inverno, diz o samba. É interessante que o inverno surge na alvorada, no nascer do dia, o que o torna mais leve. Os sonhos não morrem, o passado está presente no passado e "No amor que não envelhece jamais". Na velhice, ele e sua amada têm paz, depois de tanto sofrimento pela vida, alegrias e dores. Ele não sente saudade do que passou: "Já não sinto saudades/ Saudades de nada que fiz". No final da vida, ele se sente realizado, feliz: "No inverno do tempo, da vida/ Óh! Deus! eu me sinto feliz". Sem saudades do que passou, mantendo seus sonhos e recordações, nesse presente invernal ele e seu amor almejam a serenidade, a paz, possível porque já viveram e têm o coração tranquilo. Numa entrevista ao *Jornal do Brasil*, Cartola disse:

> Quando somos jovens, queremos muito movimento.
> Vivi anos na Mangueira, no Carnaval era um verdadeiro
> farrista. Como todo jovem, não pensava no futuro, mas
> também não calculava chegar a esta idade. Aos vinte
> anos, pensava que não chegava aos trinta e fui pensando
> assim até passar dos cinquenta. Nunca tive uma doença

---

249 Marília Trindade Barboza da Silva e Arthur L. de Oliveira Filho, *Cartola: os tempos idos, op. cit.*, p. 106.

250 Simone de Beauvoir, *A velhice, op. cit.*, v. 1, p. 19.

e, espantado com o meu organismo, que aguentava
tanto, comecei a pensar seriamente na velhice – em
saúde, hospital, dependência, essas coisas que a gente
pensa depois de certa idade. E comecei a guardar umas
economias num canto. O que tinha de fazer de errado ou
certo no passado já fiz. Agora, na minha velhice, quero é
viver tranquilo. Daqui pra frente não quero mais nada.
A saudade a gente deixa para trás. O que passou, passou.[251]

Em 1979 sairia seu quarto e último LP de carreira: *Cartola 70 anos*. Do repertório primoroso fazem parte, entre outros sambas, "O inverno do meu tempo", duas parcerias com seu amigo Carlos Cachaça ("Ciência e arte" e "Silêncio de um cipreste"), "Mesma estória", com Elton Medeiros, "A cor da esperança", com Roberto Nascimento, e "Enquanto Deus consentir". É um disco que fala da passagem do tempo, da esperança no amanhã, de amores desfeitos, de princípios cristãos, que celebra a ciência e a arte brasileiras.

Sobre esse disco, Zuza Homem de Mello disse em seu artigo "Cartola de novo, para alegria geral":

> A mais ilustre figura da música popular brasileira,
> aquela que, com segurança, figura ao lado dos imortais,
> continua em plena atividade, para júbilo geral. Em
> consequência, toda e qualquer manifestação proveniente
> desse que é não apenas um dos mais legítimos repositórios
> do samba, mas também uma geratriz artística da mais
> alta linhagem, uma verdadeira felicidade nacional,
> deve ser grata e orgulhosamente recebida por todo
> o povo brasileiro. [...] Agora que os adjetivos foram
> conscientemente utilizados, deve-se ouvir e ruminar
> esse disco *Cartola 70 anos*, que acaba de ser lançado, de
> novo com produção de Sérgio Cabral. A grande marca
> do intérprete Cartola está na expressividade da sua voz

---

251 Marília Trindade Barboza da Silva e Arthur L. de Oliveira Filho, *Cartola: os tempos idos, op. cit.*, p. 123.

pequena. A densidade emocional que consegue
concentrar a partir do relato daquilo que só ele
viveu (mesmo que subjetivamente) é, além de válida,
teoricamente insuperável. Isso porque o intérprete
tem que assumir uma situação criada por outrem e
consequentemente valer-se de elementos formais que,
num exame ou mesmo numa descrição, devem ser
abordados. No entanto, os mesmos elementos podem
ser desprezados sem receio, quando a emoção essencial
da mensagem é atingida. Em suma, intérpretes ideais
são um criador que seja expressivo ou um intérprete
que nos comova. Os apenas formalmente corretos o são
inconsequentemente. Daí por que o passar dos anos não
afeta a interpretação de Cartola. Ou melhor, afeta no
sentido de acrescentar, de tornar ainda mais encantadora
a simplicidade de seus versos. Essa, a razão desse curioso,
mas não único, fenômeno que, aos setenta anos, é muito
mais fértil que aos cinquenta.[252]

Parceria com Carlos Cachaça, o samba-enredo "Ciência e arte" exalta a
cultura brasileira e glorifica "os homens que escreveram tua história" e quer
conduzi-los "ao panteão dos grandes imortais". Homens como o artista Pedro
Américo e o cientista César Lattes. Diz o sambista que seu samba é rude e que
são pobres poetas que o compuseram, mas que ainda assim esse samba enredo
irá imortalizá-los. O que pode um samba-enredo.

"Silêncio de um cipreste", também em parceria com Cachaça, será comentado
na parte dedicada a este.

"A cor da esperança" (Cartola e Roberto Nascimento) é um canto de fé no
amanhã. Longe de se lamentar pela inexorável passagem do tempo, o poeta saúda
o amanhã como um tempo solar e alegre: "Amanhã a tristeza vai se transformar
em alegria/ E o sol vai brilhar no céu de um novo dia". É um canto de amor, que
convida as pessoas para sair pelas ruas da cidade com "peito aberto e cara ao

---

252 Zuza Homem de Mello, "Cartola de novo, para alegria geral", *op. cit.*

sol da felicidade". Vibrante, ele sabe que novas fantasias surgirão. Esta é a cor da esperança, "que não é vã".

O que acho surpreendente nesse samba é que, ainda que fazendo parte de um disco que celebra os 70 anos de Cartola, é um canto que fala do amanhã como promessa de felicidade, de luz, de amor. O poeta na sua velhice celebra o futuro com esperança e alegria.

"Enquanto Deus consentir" é um samba-canção com máximas do mundo cristão, do evangelho: amor ao próximo, ajuda a quem está no abismo, gratidão pelo alimento à mesa, amparo aos inocentes, não praticar injúria e aceitação dos desígnios de Deus: "Enquanto Deus consentir, vou vivendo".

CARTOLA: MÚSICA PARA OS OLHOS

Cartola: música para os olhos, documentário singular de Lírio Ferreira e Hilton Lacerda[253], "dialoga com seu objeto ao inseri-lo numa rede de signos capaz de desdobrar e refratar seus sentidos", disse o crítico de cinema José Geraldo Couto[254]. Não se trata de um documentário convencional, didático, mas sim de um documentário ensaístico, "obra de montagem, em que os significados surgem do choque entre as imagens e entre estas e a faixa sonora"[255].

A vida de Cartola (1908-80) perfaz "um arco temporal que permitiria contar não só sua história pessoal, mas também um pouco da história do samba e da formação da cultura popular urbana e do país"[256]. O documentário faz referência à história do cinema brasileiro, do Brasil e do mundo, através de materiais de arquivo, como fotos, vídeos, programas sobre música popular, como os que foram feitos por Fernando Faro (*Ensaio* e *MPB Especial*), trechos de obras do cinema brasileiro, que tratam de temas ou acontecimentos narrados por Cartola, como *Rio, Zona Norte* (1957), de Nelson Pereira dos Santos; *Brás Cubas* (1985), de Júlio Bressane; *A morte de um poeta* (1981), de Aloysio Raulino; *Nelson Cavaquinho* (1968), de Leon Hirszman; *Terra em transe* (1967), de Glauber Rocha; e *Ganga Zumba* (1963), de Cacá Diegues, em que Cartola participa como ator. O cinema nacional ilustra hábitos e costumes da sociedade brasileira

---

253 Lírio Ferreira e Hilton Lacerda, *Cartola: música para os olhos*, Rio de Janeiro: Raccord, 2007, 88 min. O documentário teve um longo ciclo de produção, que se iniciou em 1997, quando Lírio Ferreira foi convidado para participar da primeira edição do projeto Rumos Cinema e Vídeo 1997-1998 do Instituto Itaú Cultural, recebendo verba para desenvolver o roteiro do filme. Hilton Lacerda assumiu a codireção. Cf. Rubem Rabello Maciel de Barros, *A (re)construção do passado: música, cinema, história*, dissertação de mestrado em Meios e Processos Audiovisuais, São Paulo: Universidade de São Paulo, 2011.

254 José Geraldo Couto, "Obra dialoga com o mundo do compositor", *Folha de S.Paulo*, 6 abr. 2007, *Ilustrada*, p. E1.

255 *Ibidem.*

256 Rubem Rabello Maciel de Barros, *op. cit.*, p. 95.

desse período: "É a história do Cartola, que puxa uma história da Mangueira, uma história do samba, este se consolidando como símbolo de identidade nacional e ainda o Rio de Janeiro como capital federal, as mudanças do país nos anos 1960. São várias camadas", diz Lírio Ferreira, em uma entrevista a Luiz Fernando Vianna[257]. E, é claro, a apresentação de algumas das lindas canções do compositor, como "Divina dama", "Ciência e arte" (com Carlos Cachaça), "Sim" (com Oswaldo Martins), "Grande Deus", "O sol nascerá" (com Elton Medeiros e Hermínio Bello de Carvalho), "Peito vazio" (com Elton Medeiros), "Acontece", "O mundo é um moinho", "As rosas não falam", "O inverno do meu tempo" (com Roberto Nascimento) e outras.

A originalidade do filme já se descortina desde o início: o filme começa pelo fim. As primeiras cenas são do enterro de Cartola, cenas do documentário de Aloysio Raulino, *A morte de um poeta*. Ao som do samba "Divina dama", o caixão do sambista é conduzido ao sepultamento. Muita gente no cemitério, gente simples, povo brasileiro. Rodeado de flores, podemos ver o rosto de Cartola através do visor transparente do caixão, ao som da canção, em *off*, cantada por ele: "Quando eu vi que a festa estava encerrada/ Que não restava mais nada de felicidade".

A ideia de começar pelo fim foi inspirada no romance de Machado de Assis, *Memórias póstumas de Brás Cubas*. O primeiro elo entre o romancista e o sambista foi a coincidência entre o ano da morte de Machado e o do nascimento de Cartola, 1908, "uma coincidência cabalística"[258], segundo o diretor Lírio Ferreira. "O esplêndido achado do romance", escreve Susan Sontag, é o de "serem memórias escritas por um morto"[259]. O documentário será, então, uma autobiografia póstuma, mesclada a uma biografia narrada por vários depoentes. Diz Sontag: "O que é verdadeiro para uma reputação é verdadeiro – deveria ser verdadeiro – para uma vida. Uma vez que só uma vida completa revela a sua forma e o sentido que uma vida pode ter, uma biografia que se pretende definitiva deve esperar até a morte de seu tema. Infelizmente, as

---

257 Luiz Fernando Vianna, "Samba na veia", *Folha de S.Paulo*, 6 abr. 2007, *Ilustrada*, p. E1.

258 *Ibidem*.

259 Susan Sontag, "Vidas póstumas: o caso de Machado de Assis", em: *Questão de ênfase*, São Paulo: Companhia das Letras, 2020.

autobiografias não podem ser compostas nestas circunstâncias especiais"[260]. Aí entra, então, o tom ficcional da autobiografia de Machado e, parafraseando-o, da autobiografia de Cartola. Diz Brás Cubas: "Obra de finado. Escrevi-a com a pena da galhofa e a tinta da melancolia"[261]. O tom despretensioso da narração do sambista – "bater um papo com vocês" – e o comentário jocoso de Cartola no final do documentário – "Eu quero deixar o meu abraço a vocês todos, agradecer a lembrança do meu nome pra bater um papo com vocês, pra contar algumas mentiras e algumas verdades", nos lança num universo misto, de ficção e verdade, de humor e seriedade e, apesar da pesquisa cuidadosa dos diretores, o limite entre a verdade e a ficção fica incerto, instável. A própria escolha do defunto narrador já anuncia esse jogo entre memória e imaginação.

Na tela, a imagem de uma coroa de flores e a voz de Jards Macalé, em *off*, dizendo o início do primeiro capítulo, "Óbito do autor", de *Memórias póstumas de Brás Cubas*: "Algum tempo hesitei se devia abrir estas memórias pelo princípio ou pelo fim, isto é, se poria em primeiro lugar o meu nascimento ou a minha morte". Em seguida, entram cenas do filme *Brás Cubas*, de Júlio Bressane: um homem coloca um microfone que percorre um esqueleto e entra a voz de Cartola narrando seu nascimento, como se a voz dele fosse a do esqueleto: "Eu nasci no Rio de Janeiro, no bairro do Catete, na rua Ferreira Viana, em 1908 e dia 11 de outubro. Naquele tempo eu me chamava Agenor primeiro, hoje me chamo Angenor, porque quando eu fui casar que eu vi isto, fui tirar a papelada para o casamento é que eu vi que meteram um 'n' no meio do 'A' e do 'g', então ficou Angenor. Pra não mexer naquela papelada, deixei ficar como estava, Angenor de Oliveira".

Parafraseando o romance de Machado, em que Brás Cubas diz, em tom jocoso, "não sou propriamente um autor defunto, mas um defunto autor", Cartola é apresentado como a voz não propriamente de um sambista defunto, mas de um defunto sambista, que contará sua história, ilustrada pelas suas canções, cenas de filmes, programas de TV, fotos de arquivo, depoimentos de pessoas do mundo do samba – sambistas e críticos musicais, pessoas que conviveram com ele, ou que estudaram sua obra, como o jornalista Sérgio Cabral, ou estudaram o

---

260   *Ibidem.*

261   Machado de Assis, "Memórias póstumas de Brás Cubas", em: *Obras completas*, Rio de Janeiro: José Aguilar, 1971, v. 1, p. 513.

samba, como o antropólogo Hermano Vianna, além de familiares. Na construção do documentário, podemos observar um procedimento similar à colagem, "procedimento técnico que seria incorporado, com diferentes propósitos, por diversas vertentes da arte moderna no início do século passado, tais como o cubismo, futurismo, dadaísmo, surrealismo"[262], em que, como assinalou José Geraldo Couto, "os significados surgem do choque entre as imagens e entre estas e a faixa sonora". Articulando esses materiais diversos, o documentário conta a história do compositor através de "um constante movimento pendular, passando da narrativa de aspectos da vida do compositor a outros mais amplos, ligados à história do samba, da cidade do Rio de Janeiro e do Brasil, de modo geral"[263].

Logo no início, além da referência a Machado de Assis, o documentário dialoga com o cinema de invenção, o chamado "cinema marginal", representado por Júlio Bressane. "O filme de Bressane inicia outro diálogo fundamental no documentário: entre a vida de Cartola e o cinema brasileiro. A história do compositor é contada com o auxílio de trechos de filmes das respectivas épocas, como as chanchadas (anos 1940) e o cinema novo (anos 1950-60), em engenhoso quebra-cabeça", escreve o crítico Luiz Fernando Vianna[264]. "Essa narrativa, que forma quase um caleidoscópio, cria um universo que fica entre o documentário e a ficção", diz Lírio Ferreira[265].

O filme divide-se em duas partes. Na primeira, que começa com o enterro de Cartola, sabemos que é o defunto que irá narrar a sua história, desde sua infância até o momento em que ele some do cenário musical do Rio de Janeiro, na virada dos anos 1940 para os 1950. Morre sua primeira mulher, Deolinda, e, "Viúvo, desprezado pela escola que havia ajudado a fundar, Cartola sumiu do morro, parou de tocar e compor"[266]. Nessa primeira parte, temos a genealogia da obra, o enterro, as referências a Machado, a história do samba, a perda da mãe, o ingresso no mundo do samba, o nascimento das escolas de samba, a questão da venda das composições, o samba transformado em símbolo de identidade nacional e o infortúnio de sua vida pessoal.

---

262 Rubem Rabello Maciel de Barros, *op. cit.*, p. 96.

263 *Ibidem*, p. 104.

264 Luiz Fernando Vianna, *op. cit.*

265 *Ibidem*.

266 Sérgio de Oliveira, *op. cit.*, p. 23.

Nesse primeiro segmento, não há nenhum trecho de filme em que ele apareça, só imagens estáticas e vários registros de áudio.

Assinalando o momento em que Cartola sumiu, "a tela fica preta, retratando a fase nebulosa", diz Hilton Lacerda: "Foi a solução que encontramos para essa época esquisita, em que ele desceu ao inferno"[267].

A segunda parte começa em 1950, seu reaparecimento, no mesmo período do otimismo da era Kubitschek. Imagens de Copacabana, do filme *Cidade do Rio de Janeiro* (1948), de Humberto Mauro. Imagens de Cartola em filmes, cinema e telejornais. O primeiro registro é com Zica, sua mulher, que o trouxe de volta ao morro da Mangueira: ela ajusta sua gravata, numa pequena participação do casal no filme *Orfeu negro* ou *Orfeu do Carnaval* (1959). Daqui em diante, sua imagem torna-se presente quer em filmes do cinema novo, como *Ganga Zumba*, onde faz uma pequena participação, quer em programas de TV, alguns dedicados exclusivamente a ele. Trata-se da consagração de Cartola em seus últimos anos de vida, quando grava seus primeiros discos cantando e tocando suas composições.

Nessa parte, temos seu encontro com Zica, seu renascimento artístico e pessoal, o Zicartola, a volta à Mangueira, a gravação do primeiro disco e a consagração, outros discos e, por fim, a doença e sua morte. Um dos grandes méritos desse filme é que, além da cuidadosa biografia de Cartola, ele o insere num contexto maior, no mundo, e estabelece um diálogo entre o samba e outras formas de arte, o cinema e a literatura. Essa visão unificada da cultura brasileira tem o poder de iluminar nossa visão da cultura brasileira da época. Samba, literatura e cinema dialogam.

Depois do início do filme, que, como vimos, começa pelo fim, com as cenas do enterro de Cartola e a leitura de um trecho de *Memórias póstumas de Brás Cubas*, feita por Jards Macalé, a voz de Cartola será a de um defunto narrador: ele fala de seu nascimento, do Catete, dos ranchos de Carnaval. Depoimentos de sambistas contam um pouco da história do samba. Bucy Moreira e Ismael Silva falam sobre tia Ciata. Ismael Silva diz: "Uma baiana, em cuja casa se reuniam sambistas daquele tempo, sambistas assim, músicos e chorões, essa gente do choro, né? É o nome que se aplica, Pixinguinha e outros assim. Então se reuniam lá, João da Baiana, Donga".

---

267   Luiz Fernando Vianna, *op. cit.*

Em cena do filme *Conversa de botequim*, de Luiz Carlos Lacerda[268], Pixinguinha, Donga e João da Baiana estão numa mesa de bar e este último comenta com os amigos a perseguição que os sambistas sofriam naquela época, quando andavam com pandeiros e violões pelas ruas do Rio, "porque quem cantava samba era capadócio".

O samba era carioca ou baiano? Diz o jornalista Sérgio Cabral: "Muita gente diz assim: o samba é baiano, o samba é pernambucano, mas o samba é carioca. Foi o carioca que somou todas estas manifestações que por causa disso a gente conhece". E o antropólogo Hermano Vianna: "O samba é carioca, porque o samba inventou o jeito carioca de existir, a cultura carioca". Em seguida, Donga afirma: "Porque o samba, não esqueçam, veio da Bahia, pelo Rio". Pois é...

Numa filmagem do arquivo pessoal de Cachaça, vemos a casa desse grande parceiro e amigo de Cartola, casa simples, com seu retrato na parede, um quadro de Iemanjá, paredes verdes, uma das cores da Mangueira, e sua camisa com estampa verde-rosa. Em *off*, a voz de Cartola: "Carlos Cachaça é meu amigo, é meu padrinho de crisma. Eu fui pra Mangueira com 11 anos. Já encontrei ele lá. Era vagabundo, jogador, bebedor, mas, com todas estas bagunças que ele fazia, ele estudou". E Carlos Cachaça conta: "Comecei a fazer música com Cartola quando ele tinha seus 14 anos. Porque há coisas que não foram registradas e que não apareceram [...] porque naquela época eu fazia um verso, ele fazia outro". Aí entra "Não quero mais amar a ninguém", parceria dos dois e de Zé da Zilda, tocado e cantado por Nelson Sargento, ao lado de Carlos Cachaça, que ouve e comenta.

Cartola conta: "Eu quem botei o nome de Estação Primeira e eu quem escolhi as cores".

Enquanto o samba ia sendo criado nos morros cariocas, surge, na cidade, a figura do comprador de samba. O filme *Rio, Zona Norte*, de Nelson Pereira do Santos, trata desse tema, narra a tragédia de um sambista, Espírito da Luz Soares, interpretado por Grande Othelo, "compositor do morro que vive o drama de ter seus belos sambas vendidos/roubados, ou então divididos, em supostas parcerias, para conseguir que sejam gravados. Nelson criara a história a partir da vida de Zé Kéti, seu amigo e compadre, que faz também um pequeno papel"[269].

---

268   Luiz Carlos Lacerda, *Conversa de botequim*, Rio de Janeiro: Cinesul, 1972, 10 min.

269   Helena Salem, *Nelson Pereira dos Santos: o sonho possível do cinema brasileiro*, Rio de Janeiro: Record, 1987, p. 137.

"O filme começa com um trem da Central do Brasil percorrendo os bairros da Zona Norte do Rio, até depararmos com Espírito ferido no chão, entre os trilhos do trem. Enquanto funcionários da companhia ferroviária discutem o que fazer com o pingente caído, o sambista vai relembrando, semiacordado, momentos e pessoas da sua vida."[270]

Lírico, crítico, trágico e delicado, *Rio, Zona Norte* compõe-se desses *flashbacks* e se passa todo na mente do compositor.

Em *Rio, Zona Norte*, há de um lado os verdadeiros formadores de uma genuína cultura brasileira e, de outro, aqueles que os exploravam. Não é à toa que o sambista chama-se Espírito, que morre e sobrevive em seus sambas. Diz Nelson Pereira dos Santos: "*Rio, Zona Norte* é a transação da cultura popular mesmo. Quer dizer, o personagem do Grande Othelo é o inventor da música, o criador puro que não tem o domínio dos meios de expressão nem a condição de registrar as músicas que cria, e é um criador inesgotável porque a criação tem a duração exata do tempo da vida daquele homem. E a vida daquele homem é das mais difíceis"[271]. As canções do filme são de Zé Kéti e os arranjos de Alexandre e Radamés Gnattali.

"Quem é que já não vendeu música? Qual compositor do nosso tempo que não vendeu música?", pergunta Cartola, que conta que vendia seus sambas, mas queria que seu nome entrasse junto com o do comprador. Assim ele resistia à usurpação da qual o personagem de Grande Othelo foi vítima. A venda de sambas era uma prática constante: por alguns trocados para pagar as despesas, o sambista vendia o samba, dava uma parceria ao comprador ou então os direitos.

Diz Cartola: "Então, eles compravam o samba nosso porque ganhavam muito dinheiro com disco, vendia muito disco".

E conta a única parceria com Nelson Cavaquinho: "Nelson Cavaquinho? Eu conheci ele em Mangueira. Ele apareceu por lá, era soldado de polícia e tal, então fizemos amizade com aquela camaradagem e tal, ele já escrevia samba. Aí ele chegou com um samba: – Cartola, quer botar a segunda parte? Aí eu digo: – Boto". Passou mais ou menos um mês, um dia Cartola encontrou um outro polícia, que o Nelson tinha apresentado a ele. E o polícia: "Cartola, eu

---

270 *Ibidem.*

271 *Ibidem*, p. 140.

tenho um samba que é uma maravilha, você quer ouvir?". Cartola diz que quer. Cartola ouviu: "Mas essa segunda parte é minha!". "Mas agora é minha", disse o policial, "comprei do Nelson". Cartola ri: "Aí, depois disso, nunca mais quero fazer negócio contigo. Eu faço samba e você vai vender e não me diz nada? Não botei banca. Deixei pra lá". Nelson, comentando o ocorrido, disse que só tinha vendido a parte dele...

O filme também conta a famosa estória da gravação de Cartola para o maestro Leopold Stokowski, que, durante a Segunda Guerra, passou pelo Brasil, a bordo do navio Uruguay. Cartola foi apresentado a ele pelo maestro Villa-Lobos, seu confesso admirador, e gravou "Quem me vê sorrindo", dele e de Carlos Cachaça, e diz que, apesar da voz de taquara rachada, mandou seu recado.

Numa cena antológica, Elizeth Cardoso canta "Sim" (com Oswaldo Martins): "Passo tantos dissabores/ e luto contra a humanidade inteira".

Com esse samba, começa a passagem para a segunda parte do filme. Imagens de *Cidade do Rio de Janeiro* (1948), de Humberto Mauro, com a câmera em *travelling* dentro de um carro, o que vai deixando a paisagem para trás e nos conduz a um longo trecho com tela escura, representando um período de ausência de luz, momento difícil da vida do nosso sambista, um túnel negro. É com a voz de Jamelão cantando "Grande Deus", de Cartola, que se inicia um novo alumbramento, o início da "ressurreição" do mestre.

A segunda parte marca o renascimento na vida de Cartola, seu casamento com Zica e a volta à Mangueira, que ele havia deixado. Entra uma cena de *Orfeu negro* (1959), de Marcel Camus, onde ele e dona Zica fazem uma ponta, além de trabalharem na equipe. A entrada de Zica na vida de Cartola é registrada pelo arquivo televisivo, que mostra cenas do casal e Cartola cantando esse amor em "Nós dois". Em seguida, por meio de fotos e depoimentos, ficamos sabendo que o casal não teve filhos, mas que muitas pessoas viviam com eles, que eles acolhiam muitas pessoas como se fossem filhos.

Arley Pereira conta o famoso ressurgimento artístico de Cartola, a partir de um encontro casual com Sérgio Porto, o Stanislaw Ponte Preta. Cartola lavava carros numa garagem em Copacabana e Stanislaw ficou indignado com a situação do sambista e o levou de volta à vida profissional. Conta Cartola: "Numa madrugada, estava ali lavando os carros, coisa e tal, fechei a garagem e fui tomar um café num bar em Ipanema, aí encontro o falecido, o saudoso Sérgio Porto. Ele me viu de macacão, tamanco, todo molhado, ficou horrorizado –

'Que é isso, o que está fazendo aqui?'. Eu disse: 'Lavando carro e tomando conta da garagem das 6 às 6 da manhã'. Ele ficou horrorizado com aquilo". Aí aparece Sérgio Porto dizendo que, "Se é verdade que a voz do povo é a voz de Deus, ontem Deus estava uma fera".

Sobre as parcerias, Elton Medeiros conta como eram feitas as dos dois:

> Eu passei na casa do Cartola [...], uma tarde, e a gente tá conversando, de repente ele diz assim: "– Vamos fazer um samba?". E pegou o violão e já botou no colo. E a gente começou ali uma música, que eu sei que terminava com uns versos que diziam assim: "Sonhaste com castelo e pedrarias/ pedrarias que jamais terias". Nisso chegou o Renato Agostini e nós dissemos: "– Olha, foi bom você chegar porque nós queremos mostrar um samba que nós acabamos de fazer agora". E mostramos este samba a ele. "– Vocês não fizeram esse samba coisa nenhuma", ele disse. "Se vocês são sambistas e sabem fazer samba mesmo de verdade, eu quero ver vocês fazerem um samba na minha frente, agora." Cartola pegou o violão e já saiu.

Entra Cartola cantando, numa imagem do programa *Ensaio* – "A sorrir eu pretendo levar a vida". Elton continua: "Em quarenta minutos esta música estava pronta".

Em seguida, a voz de Nara Leão cantando esse samba, "O sol nascerá", que se torna um dos maiores sucessos de Cartola e, na tela, a imagem do Palácio da Alvorada mostrando a nova capital do Brasil e os novos tempos que se iniciam. Em seguida, imagens de gente na rua, do presidente Jânio Quadros, do mundo do samba, um café e rapazes lendo jornal, João Goulart acendendo o charuto de Mao Tsé-Tung, cenas de um filme em que dois rapazes batucam na mesa e imagens de Nara cantando. Esse contexto histórico não é desenhado de forma rigorosa, são breves pinceladas de uma época.

Surge uma cena de *Ganga Zumba*, com Cartola atuando e a voz de Cacá Diegues em *off*: "Em 1963 eu fui fazer *Ganga Zumba*, que foi meu primeiro longa-metragem" – cena de Cartola, que atua no filme – "Botei ele e dona Zica na equipe do *Ganga Zumba*. É claro que Cartola não era um ator, tanto que ele faz um papel muito pequenininho no filme. [...] Eu conheço pouca gente na cultura brasileira que tivesse um comportamento tão principesco, tivesse uma atitude diante da vida tão altiva, tão superior, e ao mesmo tempo tão estoica quanto o Cartola".

Entra uma cena de Tom Jobim contando os tempos da música e em seguida a canção "Chega de saudade", cantada por João Gilberto. Imagens do Tom, de Johnny Alf, extraídas de *O tempo e o som* (1970), de Bruno Barreto e Walter Lima Jr.

Zé Kéti conta que, quando conheceu Carlos Lyra, fez um trato com ele: apresentaria o mundo do samba para Lyra e este, por sua vez, o apresentaria para o pessoal da bossa nova. Diz Nelson Motta: "Eles (os sambistas), que tinham sido marginalizados pela bossa nova, como sendo antigos, tradicionais, eram revalorizados exatamente pela modernidade, pela audácia criativa deles, pela audácia harmônica, melódica".

Zé Kéti conta o nascimento do Zicartola: "No ano de 1963 foi elaborado no Rio de Janeiro uma casa de música, pela primeira vez, chamava-se Zicartola, Zi-Cartola, Zica e Cartola da Mangueira, daí o nome Zicartola". Zica conta que por uns dois anos foi a coqueluche do momento: "Só dava Zicartola". Samba e comida brasileira.

Diz Cartola: "Começava às dez horas, mas oito horas já tinha gente. Só saíam cinco, seis horas da manhã, tinha que andar com um palito assim, pros olhos não fechar, botar um palito". Ao som de "Peito vazio", cantada por Cartola, fotos do Zicartola e dos músicos que frequentavam: Aracy de Almeida, Nelson Cavaquinho, Ismael Silva, Elton Medeiros, Zé Kéti, Cartola, Clementina de Jesus, Sérgio Cabral, Zica, Hermínio Bello de Carvalho.

Hermínio Bello de Carvalho conta: "Fui lá no Heitor, Heitor dos Prazeres, para fazer a caricatura que era a capa do cardápio que virou meio logomarca do Zicartola". Foi lá que Clementina cantou em público pela primeira vez.

"Eu fui convidado para ser diretor artístico da casa", continua Zé Kéti, "e então eu convidava assim uma porção de sambistas, compositores, essa coisa toda, inclusive lá foi o lançamento do Paulo César, hoje Paulinho da Viola, apelido, modéstia à parte, dado por seu amigo Zé Kéti".

Cena de um programa de TV, Paulinho da Viola acompanhando ao violão Cartola, que canta "Acontece".

Hermínio conta que "o Zicartola foi o iniciador de muitas ideias boas. Por exemplo, o *Rosas de Ouro* nasceu ali, com aquela coisa dos sambas lindos que a gente passou a conhecer, como também, de uma certa forma, nasceu o show *Opinião*". João do Vale, Zé Kéti e Nara Leão do *Opinião* iam lá. E o *Rosas de Ouro*, Clementina de Jesus, Paulinho da Viola, Hermínio, Nelson Sargento, Jair do Cavaquinho, Anescarzinho do Salgueiro, Aracy Cortes, que veio do teatro de revista, também frequentavam o Zicartola.

Numa entrevista, na porta do Museu da Imagem e do Som, do Rio, onde ele tinha ido gravar um depoimento sobre sua vida, o repórter pergunta a Cartola quais foram seus maiores sucessos: "Divina dama", com Francisco Alves, e "O sol nascerá", com Nara Leão.

Ao som de "Tempos idos", Cartola chegando e saindo de casa, na Mangueira, cenas de Carnaval, as bandeirinhas verde e rosa, cenas de escola de samba.

João Carlos Botezelli, o Pelão, fala da gravação do primeiro disco de Cartola (1974):

Eu queria gravar o Cartola do jeito que ele era. Como todos que eu gravei, eu procurei registrar o som de uma época. Aí um dia eu tava fazendo o meu famoso roteiro dos bares, né? Passei no bar do Zé, passei no Alemão e aí eu ia indo pra casa, ia parar no Riviera, pra bater um papo com o Renato, parei antes ali na Maceió, ali no Jogral. Eu já tava do jeito que o diabo gosta. Aí eu vi o Aloízio Falcão, ajoelhei na mesa do lado dele e falei: Aloízio, me deixa eu produzir o disco do Cartola, pelo amor de Deus! Ele falou: "Tá ok, você vai gravar o Cartola, mas vamos conversar amanhã que hoje você e eu estamos bêbados".

Demorou uns cinco meses pra sair (o disco), porque quando eu cheguei com a fita em São Paulo, um dos sócios da gravadora, o Marcus, né? não gostou muito, ele achou que tinha uns latidos de cachorro. Aí eu fiquei bravo, né? Era essa cuíca que tá aí, a do Marçal, a primeira que o pai dele deu pra ele, barrica de madeira, depois ele deu pra mim, tá aí. Mas quando o Maurício Kubrusly deu a primeira notinha no *Jornal da Tarde* – "Já está gravado o melhor disco do ano", aí ele gostou do disco e foi conhecer o Cartola, né?

Cartola abrindo a janela de sua casa ao som de "Alegria". Imagens de *shows*, entrevistas, fotos, Cartola e Sílvio Caldas, numa mesa com Nelson Cavaquinho, Carlos Cachaça, várias cenas de *shows* e entrevistas. Cartola reconhecido.

Diz Pelão: "Eu acho que ele foi reconhecido e eu acho que ele gostou, acho que ele gostava disso, ele gostava do fato de se apresentar, não de ser paparicado".

Cartola mostrando "As rosas não falam" para Beth Carvalho. Ela cantando e tocando. Altemar Dutra e Cartola cantam também.

Cartola narra seu cotidiano: "Eu levanto cinco horas, molho minhas plantinhas, sete horas vou buscar o jornal. Sento pra ler o jornal, uma cerveja e um conhaque". E Zica completa: "E depois faz aí as comprinhas, trazia tudo. E dali tinha que dormir. Essa hora era respeitada. Só depois de duas horas que ele atende. [...] Amanhecia, o cinzeiro cheio de pontas de cigarros".

Sobre o nariz, foi uma plástica que começou e não acabou. O cirurgião ficou bravo, e disse a ele para não contar para ninguém que tinha sido ele quem tinha operado, senão iria acabar com a carreira dele.

Cartola:

> Eu gosto muito da Mangueira. Mas a Mangueira é um lugar agitado, né? Ainda mais eu morando ali perto da sede, é ensaio, aquelas coisas todas, reuniões, muita gente, né? Vinham me procurar, chega perto do Carnaval, minha patroa, aquele negócio de ser diretora, é criança, é mulher procurando fantasia, sandália na minha casa, eu não podia descansar. Então eu resolvi ir para Jacarepaguá pra descansar um pouco.

Imagens em primeiro plano do rosto de Cartola, fumando, e entra "Autonomia", ele caminhando pela rua, entre a multidão, muito elegante.

Sua neta percebeu um caroço no pescoço dele, mas ele não deu muita bola, estava fazendo *shows* e quando acabasse iria ver isso. Cartola é internado. Quando sai do hospital, bem disposto, uma repórter pergunta: "A Mangueira conta com você neste Carnaval?". Ao que ele responde: "Não. Eu não vou desfilar nunca mais". E a repórter: "Por que, Cartola?". Cartola: "Vou assistir, mas não desfilar. Não quero mais. Chega de Carnaval pra mim".

Entra "O inverno do meu tempo" e na tela a imagem de um relógio durante o dia e o céu vai escurecendo, até que fica noite: "E o inverno do meu tempo/ Começa a brotar, a minar/ E os sonhos do passado/ No passado estão presentes/ No amor que não envelhece jamais". Imagens de quando Cartola desfilava. A escola de samba Mangueira, Cartola, Nelson Cavaquinho e outros da então velha guarda, imagens do desfile, passistas, destaques. "Já não sinto saudades/ Saudades de nada que fiz/ No inverno do tempo da vida, ó Deus/ Eu me sinto feliz".

Quando entram esses versos, vemos Cartola desfilando na Mangueira, acenando, como que dizendo adeus.

Volta a cena do início do filme, que faz parte de "A morte de um poeta", de Aloysio Raulino, a cena do enterro, Beth Carvalho, uma multidão que acompanha o enterro. Dessa vez a cena é colorida, como no filme original (na abertura do filme, o enterro está em preto e branco). Podemos ver o rosto de Cartola através do visor do caixão. Entra o samba "Todo tempo que eu viver/ só me fascina você/ Mangueira". E segue o samba. "Exaltação à Mangueira" e anúncio da nova geração que virá: "Surge outro compositor/ Jovem de grande valor/ Com o mesmo sangue na veia". Ele parte e deixa seu legado para a geração futura.

Cena de pessoas conversando, rindo, camaradagem entre amigos, bebendo cerveja, como a dizer que a vida continua.

Quando o samba acaba, entra uma imagem do cemitério, visto da rua, a data do nascimento e morte de Cartola – 11/10/1908-30/11/1980 – no cantinho da tela e a voz de Cartola: "Eu quero deixar o meu abraço a vocês todos, agradecer a lembrança do meu nome, pra bater um papo com vocês, pra contar algumas mentiras e algumas verdades".

Fecha-se o círculo, morte, vida e morte, e o samba de Cartola envolve tudo, desafia a morte, pois permanece, é belo, imortal, e uma das mais belas obras da música popular brasileira.

DISCOGRAFIA

Fala Mangueira! (Odeon, 1968) – com Odete Amaral, Clementina de Jesus, Nelson Cavaquinho e Carlos Cachaça

Cartola (Marcus Pereira, 1974)

Cartola (Marcus Pereira, 1976)

Verde que te quero rosa (RCA Victor, 1977)

Cartola 70 anos (RCA Victor, 1979)

Documento inédito (Estúdio Eldorado, 1982)

Ao vivo (RGE, 1991)

S PESSOAS VÃO DIZENDO AS COISAS DO
EITO QUE QUEREM, MAS QUANDO EU VEJO
MA COISA ERRADA, EU DIVIRJO. TODO
UNDO DIZ QUE MEU SAMBA "HOMENAGEM"
DE 1934, ALGUNS O APONTAM COMO O
RIMEIRO SAMBA-ENREDO. MAS ELE É DE
933. QUEM ESTAVA ORGANIZANDO TUDO
AQUELE ANO ERA O PEDRO PALHETA. O
NREDO ERA "UMA SEGUNDA-FEIRA NO
ONFIM". EM CIMA DO CARNAVAL, O PEDRO
ALHETA SE ABORRECEU E FOI EMBORA.
ARGANDO TUDO NAS MÃOS DO MASSU.
ÃO HAVIA TEMPO PARA ELABORAR OUTRO
NREDO, E NÓS, QUE NÃO SABÍAMOS
ADA DA BAHIA, FICAMOS UM BOCADO
RAPALHADOS. EU ATÉ MANDEI O MASSU
ROCURAR O BAIANO BARBEIRO, QUE
NDO NASCIDO EM SALVADOR, DEVIA
DER DAR BOAS INFORMAÇÕES.

Os sambas de Carlos Cachaça: o caminho da existência

*Quando senti que
já andara muito /
Vencendo etapas
dessa longitude /
Quis parar no meio
do caminho /
Tentei em vão,
mas não pude*

NÃO ME DEIXASTE IR AO SAMBA:
PEQUENO PERFIL DE CARLOS CACHAÇA

Poeta inspirado, parceiro de Cartola, ele escreveu muitos versos que por sua qualidade merecem figurar em qualquer antologia de poesia popular.

Jairo Severiano

Eu quase não vejo a velhice passar, vivo a velhice como a mocidade, tão leve quanto a mocidade. Para mim, mocidade e velhice são iguais.

Carlos Cachaça

Carlos Moreira de Castro, o Carlos Cachaça, e Cartola são personagens do morro da Mangueira desde quando lá existiam apenas poucos habitantes. Fazem parte do grupo criador da escola de samba Mangueira (1929), campeã de muitos carnavais. São pioneiros e, sem eles, a Mangueira não seria o que é, conta Jairo Severiano. "Mas não é apenas por sua atuação como mangueirense que Carlos Cachaça entra para a história da MPB"[272], mas por ser um grande sambista, poeta inspirado e o parceiro mais constante de Cartola.

O compositor Aldir Blanc pede a benção a Carlos Cachaça: "Como letrista de música popular, peço, humildemente a sua benção, poeta verde rosa. Que este livro (*Alvorada*) ajude a reparar tanta injustiça e mostre com quantos Carlos se faz a poesia de um povo pobre em matéria de grana, rico de inspiração"[273]. E conta: "Numa daquelas noites gostosas do início dos anos 1960, em que alguns teatros da Zona Sul começaram a abrir espaço para que estudantes,

---

272 Marília Trindade Barboza da Silva, *Alvorada: um tributo a Carlos Moreira de Castro (Carlos Cachaça)*, Rio de Janeiro: Funarte, 1989, p. 13.

273 Aldir Blanc, "Prefácio", em: *ibidem*, p. 15.

intelectuais e vadios sorvessem curiosos, perplexos e gratificados a música que o compositor dos morros da Zona Norte fazia quando não era Carnaval, o humor irreverente de Sérgio Porto assim justificou à plateia ansiosa o atraso do poeta Carlos Cachaça: Ele está por aí, bebendo o apelido..."[274].

Carlos Cachaça nasceu no dia 3 de agosto de 1902, no Rio de Janeiro, e faleceu em 16 de agosto de 1999, também no Rio. Filho de Carlos Moreira de Castro e Inês de Castro, segundo dos seis filhos do casal, Carlos Cachaça nasceu na Mangueira, na época uma comunidade muito pequena chamada "Petrópolis dos Pobres". Próximo de lá, havia um quartel do Corpo de Bombeiros e também a Fábrica de Chapéus Mangueira. O pai abandonou a família quando ele ainda era pequeno, e Carlos foi morar com um padrinho, o português Tomás Martins, que alugava casas lá no morro. Carlos, para ajudar o padrinho, passou a fazer a cobrança dos aluguéis e assim ficou conhecendo os moradores do morro.

Boêmio e sambista, mesmo assim Carlos Cachaça estudou e trabalhou. Conta Cartola, no filme *Cartola: música para os olhos*: "Carlos Cachaça é meu amigo, é meu padrinho de crisma. Eu fui pra Mangueira com 11 anos. Já encontrei ele lá. Era vagabundo, jogador, bebedor, mas com todas essas bagunças que ele fazia, ele estudou"[275]. E era trabalhador também, trabalhava na Central do Brasil. Enfim, ele sabia, sabe-se lá como, conciliar sua vida de sambista com a de operário. Ele mesmo nos conta: "Eu fiz o curso primário num colégio particular"[276]. "Depois, comecei o curso médio na Escola de Humanidades. [...] Um dia, abandonei o estudo e fui trabalhar na Central do Brasil"[277].

Diz Tárik de Souza: "Adepto do samba desde menino, frequentador da praça Onze, onde brotou o ritmo nas casas festeiras das tias baianas, foi lá que Carlos ganhou o sobrenome etílico"[278]: "Virei Carlos Cachaça, lá na casa do tenente Couto, do Corpo de Bombeiros. Ele morava na praça Onze e dava umas reuniõezinhas boas aos domingos. [...] Ele dava bebida, comida, e tinha cada filha bonita! Mas eles só tomavam cerveja preta. E eu não gostava, pedia cachaça.

---

274 Depoimento de Nelson Luna, em: *ibidem*, p. 25.

275 Lírio Ferreira e Hilton Lacerda, *Cartola: música para os olhos*, op. cit.

276 Marília Trindade Barboza da Silva, *Alvorada*, op. cit., p. 32.

277 *Ibidem.*

278 Tárik de Souza, *Tem mais samba: das raízes à eletrônica*, São Paulo: Editora 34, 2003, p. 77.

E havia três Carlos. Para nos distinguir, ele dizia que eu era o Carlos da Cachaça, o Carlos Cachaça. Pegou. Mas a cachaça nunca me atrapalhou não", ele conta[279].

Comenta Marília Trindade Barboza que "Carlos Moreira de Castro virou Carlos Cachaça aos 17 anos. Entrou para a Central do Brasil aos 23. Para quem carregou nos ombros o peso de um apelido deste tipo, parece paradoxal a carreira exemplar trilhada durante os quarenta anos em que foi funcionário da Rede Ferroviária Federal"[280]. "Na minha juventude, bebi desbragadamente, cachaça mesmo", conta ele. "Mas a bebida não me alterava, só ficava alegre, meu negócio era cantar. No trabalho a coisa era séria, eu era seguro, responsável [...] Vejam, fui apontador durante seis anos. Eu tinha que dar saída ao trem na hora certa. E sabia da responsabilidade do cargo. Mesmo quando ficava no samba até o amanhecer, às sete horas da manhã eu já estava a postos na Central"[281], conta Cachaça. E continua: "Como já estou aposentado há quase 25 anos, tem gente que pensa que Carlos Cachaça nunca trabalhou. Mas, para não faltar ao trabalho, eu abri mão até da hora de ser fundador da Mangueira!"[282].

Carlos Cachaça, Cartola, seu amigo e parceiro constante, e outros amigos, formaram na Mangueira o Bloco dos Arengueiros, em 1925. Enquanto os outros blocos caprichavam no bom comportamento, o Bloco dos Arengueiros fazia o oposto: "Eram os valentões do pedaço. Desfilavam nos arredores do morro, nas batalhas dos bairros, na praça Onze. E brigavam. De pau, de navalha, no braço. [...] Cartola dizia que um arengueiro de verdade só saía do morro 'pra brigar, pra ser preso, pra apanhar, pra bater'. Carlos acrescentava que o grupo 'saía de manhã do morro e só voltava quando não aguentava mais, ia a tudo quanto é lado'"[283].

Arruaceiros, os componentes do grupo eram exímios compositores, letristas e batuqueiros. Seus sambas começavam a ser admirados e gravados pelos cantores do rádio. Cartola e Carlos Cachaça, com Saturnino Gonçalves e Zé Espinguela, fundaram, em 28 de abril de 1929, a escola de samba Estação Primeira de Mangueira. No dia da reunião, Carlos não compareceu. Uma das

---

279 Marília Trindade Barboza da Silva, *Alvorada, op. cit.*, p. 32.

280 *Ibidem.*

281 *Ibidem*, pp. 32-3.

282 *Ibidem.*

283 *Ibidem*, p. 33.

versões é que estava trabalhando; outra, que estava namorando... Em 1923, a Mangueira foi campeã com um samba seu e de Cartola, "Pudesse meu ideal".

O trabalho também afastou o sambista daquela gravação antológica com o maestro Leopold Stokowski, em 1940. Stokowski pediu ao maestro Villa-Lobos que escolhesse músicas populares do Brasil, músicas que representassem o melhor da nossa música, para mostrar ao resto do mundo. E o samba de Carlos Cachaça "Quem me vê sorrindo", em parceria com Cartola, foi escolhido. Mas ele não compareceu para gravar. E há duas versões para a sua ausência: uma, ele estaria trabalhando na Central do Brasil, não podia faltar; outra, a que ele deu em depoimento, conforme conta Celso de Campos Jr. em *Pelão: a revolução pela música*: "Eu estava com a ideia de ir, sabe? E até fui. Só que não cheguei lá", explicou pessoalmente a Pelão. "Fui parando nos bares. E no último estava tão bom que fiquei por ali mesmo, com meu pessoal. No navio ia ser uma coisa meio chata, encontrar o Villa-Lobos, aquela turma dele..."[284].

Carlos Cachaça compôs samba-enredo, samba-canção, samba de morro, e também escreveu poemas. Sobre sua relação com seu mais constante parceiro, Cartola, ele disse que este era seu melhor amigo: "Ele não atendia a ninguém, a mim ele atendia". Juntos fizeram quase duzentas composições. Num depoimento, ele conta: "Eu e o Cartola fizemos uns cinquenta sambas, daí pra cima. Mas, vocês sabem, a gente esquece muita coisa. A gente compunha assim: a letra vinha com uma música, um 'monstro'. Um fazia e o outro aperfeiçoava. Era recíproco"[285]. Entre os sambas dessa parceria mais conhecidos estão "Alvorada", com Hermínio Bello de Carvalho, "Quem me vê sorrindo" e "Não quero mais amar a ninguém".

Sérgio Cabral, em *As escolas de samba do Rio de Janeiro*, entrevista Cartola e lhe pergunta sobre sua parceria com Cachaça:

> *Sérgio Cabral*: O seu parceiro preferido é o Carlos Cachaça, não é?
>
> *Cartola*: É, foi com ele que escrevi mais sambas. Já tive vários parceiros, mas o Carlos, não sei, tudo com ele dava certo.

---

284 Celso de Campos Jr., *op. cit.*, p. 60.

285 Marília Trindade Barboza da Silva e Arthur L. de Oliveira Filho, *Cartola: os tempos idos*, *op. cit.*, p. 64.

Sérgio Cabral: Como foi que começou a parceria?

Cartola: Carlos nasceu aqui (Mangueira). Quando vim para cá, ele já estava. Depois ele mudou e, quando ele voltou, apareceu com um samba. Muito bonitinho. Gostei e fiz a segunda parte. Eu sou muito feliz na segunda parte.[286]

Com Clotilde da Silva, a Menina, Carlos Cachaça viveu 45 anos. Foi sua companheira de vida. Ela era irmã de Zica, mulher de Cartola, o que estreita ainda mais o laço entre os dois sambistas. Fez para ela a valsa "Clotilde".

Foi o admirável Pelão, João Carlos Botezelli, quem produziu o primeiro e único disco de Carlos Cachaça, álbum que documentou a cinquentenária produção musical do sambista. Seu primeiro samba, "Não me deixaste ir ao samba em Mangueira", é de 1922, portanto antes da criação da escola. Mas foi somente em 9 de julho de 1976 que Carlos Cachaça assinou um contrato com a Continental para lançar seu primeiro LP, que fazia parte da coleção Ídolos da MPB, produzido por Pelão. Conta Carlos Cachaça: "Fazer este disco produzido por Pelão é um acontecimento muito emocional. É uma oportunidade que eu tenho de me sentir completamente garantido como compositor. De ter um disco que é só meu."[287]

Pelão calcula ter ouvido uns cinquenta sambas de Carlos Cachaça, dos quais escolheu doze para o LP. Segundo Pelão, o repertório era uma espécie de crônica da criação da Mangueira. O repertório era o seguinte: "Todo amor" (Carlos Cachaça e Cartola); "Quem me vê sorrindo" (Carlos Cachaça e Cartola); "Amor de Carnaval" (Carlos Cachaça); "Se algum dia" (Carlos Cachaça); "Não me deixaste ir ao samba" (Carlos Cachaça e Heitor dos Prazeres); "Harmonia em Mangueira" (Carlos Cachaça); "As flores e os espinhos" (Carlos Cachaça); "Cabrocha" (Carlos Cachaça); "Juramento falso" (Carlos Cachaça); "Clotilde" (Carlos Cachaça); "Alvorada" (Carlos Cachaça, Cartola e Hermínio Bello de Carvalho).

Gravado no Rio de Janeiro, nos estúdios Hawaí, para acompanhá-lo foi escalado um time excepcional: Raul de Barros (trombone), Copinha (flauta), Meira (violão), Canhoto (cavaquinho), Waldir de Paula (violão de sete cordas) e os

---

286 Sérgio Cabral, *op. cit.*, p. 278.

287 Celso de Campos Jr., *op. cit.*, p. 60.

ritmistas Elizeu, Jorginho, Gilson, Armando Marçal Filho e Armando Marçal Neto. Arranjos e regência de João de Aquino.

O disco chegou como um presente de aniversário a Carlos Cachaça, que completaria 74 anos em 3 de agosto. O lançamento foi um dia antes, na quadra da Mangueira, uma festa. A imprensa aplaudiu. José Ramos Tinhorão escreveu, no *Jornal do Brasil*, em 3 de agosto de 1976:

> Graças ao sentido de propriedade de Pelão, e à discrição do arranjador João de Aquino (que colaborou fazendo um mínimo de arranjos), Carlos Cachaça pode exibir a sua antivoz de cantor numa quase declamação de seus versos de um romantismo algo barroco. [...] O disco, enquanto retrato de Carlos Cachaça, é de uma propriedade absoluta, e seu despojamento chega ao ponto de fazer o velho sambista cantar o seu belo "Amor de Carnaval" apenas com o acompanhamento de violão e... caixa de fósforos. E, o que é melhor, com um resultado surpreendente, o que deve deixar perplexos os angustiados vanguardistas parceiros da Light da atualidade, tão preocupados em preencher o vazio das próprias almas com a fusão de todos os desenhos que figuram no espectrograma sonoro.[288]

Maurício Kubrusly, no *Jornal da Tarde* paulistano, escreveu:

> Está neste disco um momento precioso da música brasileira: a faixa "Amor de Carnaval", na qual Carlos Cachaça canta acompanhado quase que apenas por um violão e uma caixa de fósforos, acontecendo apenas uma elegante e contida ameaça de clima, que desemboca novamente na secura de violão e caixa de fósforos. Mas não se contente com descrições: compre e ouça Carlos Cachaça.[289]

---

288 *Ibidem*, p. 63.

289 *Ibidem*.

Por esse álbum, Pelão receberia o Prêmio Villa-Lobos de 1977, como melhor diretor artístico.

Em 1998, Cachaça dividiu com Chico Buarque um carro alegórico da Mangueira, no desfile das escolas de samba do Rio de Janeiro. Um ano depois, no seu aniversário de 97 anos, ele estava adoentado, na casa de sua filha Inês, conta sua biógrafa Marília Trindade Barboza. Ela e Hermínio foram visitá-lo, e Marília lhe deu um poema de presente, "Receita de bamba", cuja estrofe final diz assim: "Meu samba, meu canto amado/ Viverá sem ter final/ Que um canto assim tão sagrado/ Só pode ser imortal". Dias depois, nosso sambista morreria. Dormindo.

Sobre ele, Hermínio Bello de Carvalho escreveu: "Carlos é uma Alvorada, é um ser em permanente estado de luz e graça".

OS SAMBAS

O jornalista e crítico musical Sérgio Cabral, comentando o samba "Não quero mais amar a ninguém", disse que o verso "semente de amor sei que sou desde nascença" era de autoria de Carlos Cachaça, o mais constante parceiro de Cartola. Cartola corrigiu, esse verso era dele: "Nem tudo que é bonito é do Carlos Cachaça", ele disse. E Sérgio completou: mas "tudo do Carlos Cachaça é bonito"[290].

"CAMINHO DA EXISTÊNCIA"

"Caminho da existência": foi esse samba de Carlos Cachaça a fonte de inspiração deste ensaio que, de certa forma, é um tributo a esse grande sambista. Os versos foram escritos em 1930. Era um poema. Só muito depois foi musicado e a data não é precisa. Musicado e gravado por Délcio de Carvalho no CD *Afinal*, de 1996.

Samba-meditação, em que o poeta é movido pelo desejo de conhecer o mundo, de compreender a vida: "Quando comecei a conhecer o mundo/ E dei os primeiros passos da jornada". Esse desejo de conhecer o mundo está presente em nossa cultura desde a Antiguidade. Entre os primeiros filósofos, Heráclito de Éfeso, por exemplo, considerava que o mundo estava em um fluxo contínuo, em constante mudança: "Não podemos nos banhar duas vezes no mesmo rio, porque as águas nunca são as mesmas e nós nunca somos os mesmos", dizia ele. "Comparava o mundo à chama de uma vela que queima sem cessar, transformando a cera em fogo, o fogo em fumaça e a fumaça em ar. O dia se torna noite, o verão se torna outono, o novo fica velho, o quente esfria, o úmido seca, tudo se transforma."[291] A realidade para ele era a "harmonia dos contrários, que não cessam de se transformar uns nos outros"[292].

---

290 Marília Trindade Barboza da Silva, *Alvorada, op. cit.*

291 Marilena Chauí, *Convite à filosofia*, São Paulo: Ática, 1995, p. 110.

292 *Ibidem.*

Por que o mundo existe? Por que o mundo é assim? A filosofia nasce da admiração e do espanto, ensinam Platão e Aristóteles. Aristóteles inicia o primeiro capítulo da *Metafísica* com a seguinte afirmação: "Todos os homens, por natureza, têm desejo de conhecer".

Essa relação do sujeito com o mundo está presente na filosofia, na poesia, na literatura e também na canção popular. Canções meditativas fazem parte da trilha sonora de nossas vidas: "As coisas estão no mundo, só que eu preciso aprender", canta Paulinho da Viola; "Meu mundo é hoje", José e Wilson Baptista; "O mundo é um moinho", canta Cartola; "O mundo, esse grande espelho", canta Lupicínio Rodrigues; "Meu mundo caiu", Maysa; "Meu coração vagabundo quer guardar o mundo em mim", canta Caetano.

E, como disse José Miguel Wisnik em "Drummond e o mundo"[293], talvez nenhum outro poeta diga tanto a palavra mundo como Carlos Drummond de Andrade, que ainda tem um mundo inscrito em seu nome: "Mundo mundo vasto mundo/ se eu me chamasse Raimundo/ seria uma rima, não seria uma solução/ Mundo mundo vasto mundo/ mais vasto é meu coração"; "Tenho apenas duas mãos/ e o sentimento do mundo"; "Não serei o poeta de um mundo caduco./ Também não cantarei o mundo futuro".

Estamos no mundo e somos parte dele. "Este mundo é meu", canta Sérgio Ricardo. Nessas canções citadas, a canção e a filosofia tecem um fio único, que nos conduz ao labirinto do mundo externo e interno, na busca da compreensão do sentido de tudo. Poesia e canção são modos de interrogar o homem e o mundo, uma espécie de gaia ciência. O mundo e o poeta se apresentam como enigma para um sujeito que busca decifrá-lo e, através da reflexão, construir um sentido. Que Ariadne nos guie nessa busca.

O samba de Cachaça continua, e ele fala da pressa que tinha em alcançar o conhecimento. Numa conhecida figuração da vida como caminho e do poeta como caminhante, a existência aqui é dividida em três momentos: infância e juventude, primeira estrofe; maturidade, segunda estrofe, e velhice, terceira e quarta estrofes. No início, o sambista tem uma grande ânsia de conhecer, de percorrer a estrada com rapidez, para logo chegar ao fim da jornada. Metáfora usada pelo sambista, a estrada aqui é vista como uma linha reta, com um

---

293 José Miguel Wisnik, "Drummond e o mundo", em: Adauto Novaes (org.), *Poetas que pensaram o mundo*, São Paulo: Companhia das Letras, 2005.

ponto inicial, um ponto médio e um ponto de chegada. Nelson Cavaquinho, no samba "Degraus da vida" (Nelson Cavaquinho, César Brasil e Antonio Borges), usa a metáfora da escada para falar do caminho da existência: "Sei que estou no último degrau da vida, meu amor". Em Cachaça, o caminho é uma linha reta, que segue inexoravelmente para a frente, em seu ritmo próprio. No primeiro momento, o sambista deseja correr, conhecer depressa tudo, chegar rapidamente ao final da estrada. O desejo de conhecimento nessa fase é impulsionado pelo entusiasmo juvenil, pela inexperiência, pela ânsia de conhecer rapidamente o mundo.

No segundo momento, segunda estrofe – na maturidade –, o sambista se dá conta da brevidade da vida: tudo passa muito rápido e, diante dessa constatação, ele quer desacelerar, parar o tempo, fazer uma pausa, mas isso não é possível: "Quis parar no meio do caminho/ Tentei em vão, mas não pude". Aqui está presente o *tópos* do "meio do caminho", momento de parada, de reflexão, de balanço, de incertezas: "A meio do caminho desta vida/ Achei-me a errar por uma selva escura", escreve Dante na *Divina comédia*; "Tinha uma pedra no meio do caminho", escreve Drummond. O "meio do caminho" indica um momento de reflexão, uma pausa antes de a vida prosseguir no ritmo em que vinha vindo. Aqui, o poeta já tem um passado e esse passado lhe mostra que é melhor andar mais devagar, pois chegar depressa ao fim do caminho é o mesmo que chegar depressa ao fim da existência. Mas essa pausa não é possível: é como se ele tivesse imprimido um ritmo para sua caminhada e não pudesse agora mudá-lo. Nesse sentido, é esclarecedor o que diz o filósofo estoico Sêneca, em *Sobre a brevidade da vida*: "Uma vez lançada, a vida segue o seu curso e não o reverterá nem o interromperá, não o elevará, não te avisará de sua velocidade, transcorrerá silenciosamente", e continua: "Correrá tal como foi impulsionada no primeiro dia, nunca sairá de seu curso, nem o retardará"[294].

O terceiro momento é o momento em que o sambista conclui sua reflexão sobre o tempo e a vida. São as duas últimas estrofes, que simbolizam a velhice, a etapa final da existência e assim ele termina o samba: "Mas queria voltar ao ponto de partida/ Tenho tanta vontade, mas não posso". Há aqui uma espécie de suspensão do tumulto da existência: o sambista cansado, a sós consigo mesmo,

---

294   Lucio Anneo Sêneca, *Sobre a brevidade da vida, op. cit.*, p. 45.

reflete sobre a jornada que já vai chegando ao fim. Ele está desolado, pois gostaria de deter a marcha do tempo e sabe que isso não é possível.

Esse samba fala do desencontro entre o poeta e o mundo. Há um descompasso entre o ritmo do mundo e o do desejo do sujeito: quando é jovem, o sujeito gostaria de acelerar o tempo; na maturidade, gostaria que o tempo seguisse mais devagar, e, no final da vida, gostaria de voltar ao início. Mas o tempo segue seu ritmo, inexorável, irreversível, e o desajuste do poeta ao tempo do mundo lhe causa desengano. Será preciso, pois, se resignar com o impossível retorno.

Já pelo título do samba, somos levados a pensar que o sambista faz um balanço da sua vida e o tema central é o tempo que nos é dado viver e o modo como viveremos nosso tempo. Sêneca aconselha: "Viveste como se fosses viver para sempre, nunca te ocorreu tua fragilidade". E é dessa fragilidade da nossa condição humana, da nossa mortalidade e impotência diante do tempo, que trata esse samba.

O tema da brevidade da vida está presente também no poema de Carlos Cachaça "Flor dos anos", em que ele fala das diversas fases da vida, comparando-as com as das flores, e que termina assim: "Mas a flor dos anos não se apanha mais"[295].

Desde o início do samba, o descompasso entre o desejo do sujeito e o movimento do mundo gera no poeta caminhante um sentimento de desalento, de impotência do eu: o tempo é irrefreável, inexorável e segue seu ritmo, independente do desejo do poeta, a quem só caberá se resignar. É desse conflito do desejo do sujeito com o ritmo do tempo que nasce esse samba, esse conflito humano que vivemos ao percorrer o caminho da existência.

OS SAMBAS DO PRIMEIRO E ÚNICO LP DE CARLOS CACHAÇA

Os sambas desse LP, gravado em 1976, falam de amor – amores felizes, infelizes, amor à Mangueira... O primeiro deles, "Todo amor" (Carlos Cachaça), um samba-canção, trata da natureza inconstante e volúvel desse sentimento, da sua transformação no tempo: no início é belo, é doce, mas, com o tempo, se degrada e se torna amargo. No início, "tem perfume, tem odor/ que embriaga o coração". Com o passar do tempo, "é uma taça incolor", é amargo e "tem sabor de maldição". O tema da inconstância do amor e da sua transformação em seu

---

295   Marília Trindade Barboza da Silva, *Alvorada, op. cit.*, pp. 99-100.

oposto, de bendição à maldição, é muito presente na canção popular brasileira, que canta o movimento incerto da paixão, a dança da ilusão que envolve os amantes no seu encanto.

Este samba trata da brevidade do amor. Estamos aqui no tema da impermanência da vida, da transformação de tudo e da incerteza quanto ao amanhã. Sêneca, em sua "Consolação a Políbio", escreve: "Esta é a lei: nada é eterno, poucas são as coisas duradouras; cada coisa é frágil a seu modo, o fim das coisas é diferente, mas tudo o que começa tem um fim"[296]. No samba "Pressentimento", Paulinho da Viola canta: "Nosso amor foi condenado a breve amor, nada mais". O desencanto amoroso provoca essa estranha alquimia que transforma o belo em feio, como num passe de mágica: no início, felicidade, depois, sofrimento. Carlos Cachaça, nesse samba, representa o amor como um sentimento inconstante que conduz, inexoravelmente, do prazer à dor.

"Quem me vê sorrindo", outro samba, este em parceria com Cartola, teve sua primeira gravação pelo próprio Cartola em 1940, a bordo do navio Uruguay, para o já mencionado álbum de músicas brasileiras produzido pelo maestro Leopold Stokowski, na antológica seleção feita por Villa-Lobos. Como disse Marília Trindade Barboza, esse foi um álbum tão famoso quanto desconhecido[297]. Nos anos 1980, a Funarte o reproduziu em LP. Mas é uma gravação rara.

Sobre essa gravação, Carlos Drummond disse que o maestro Leopold Stokowski não fez nenhum favor, ele "reconheceu, apenas, o que há de inventividade musical nas camadas mais humildes de nossa população"[298].

Já escrevi, na parte dedicada ao Cartola, que esse samba trata do pudor diante da dor: o sambista quer que pensem que ele está alegre, mas ele está sofrendo e sorri para esconder seu sofrimento: "Quem me vê sorrindo pensa que sou alegre/ O meu sorriso é por consolação/ Porque sei conter, para ninguém ver/ O pranto do meu coração".

A dor é causada por um mal de amor: ele chorou tanto que se acabaram as lágrimas e ele se torna alegre. Uma coisa interessante é que, quando Cartola

---

296 Lucio Anneo Sêneca, "Consolação a Políbio", em: *Cartas consolatórias*, Campinas: Pontes, 1992, p. 97.

297 Marília Trindade Barboza da Silva, *Alvorada, op. cit.*

298 Carlos Drummond de Andrade *apud* Marília Trindade Barboza da Silva e Arthur L. de Oliveira Filho, *Cartola: os tempos idos, op. cit.*, 1983, p. 78.

gravou, ele fala em "erro de toda humanidade". Já na gravação de Cachaça, essa parte foi excluída, e assim esse samba deixa de ter um caráter mais trágico e universal, assinalado em "dor de toda humanidade".

Gravado por Cartola, em seu celebrado primeiro LP (1974), samba em duas partes, com um lindo desenho melódico, uma verdadeira joia, em que a parceria de ambos reluz em todo seu esplendor. Letra e música tão amalgamadas que fica difícil pensar numa sem a outra.

Em "Amor de Carnaval" (Carlos Cachaça), o sambista fala do amor lúdico, do amor que é uma brincadeira, que é passageiro por sua própria natureza, pois tem a natureza do Carnaval, três dias de folia e nada mais. Amor breve e alegre, que não machuca ninguém, pois ninguém espera nada sério dele: "E também desaparece aquele amor que nasceu nos três dias". Temos aqui uma modalidade do amor breve, mas em outra chave: aqui trata-se de um amor nascido do Carnaval, e que ninguém espera que dure.

Aqui a brevidade faz parte do caráter lúdico desse amor, dessa folia. São três dias e nada mais. Brevidade e alegria.

"Crueldade" (Carlos Cachaça) trata da indiferença, da ingratidão: "Quem pratica a bondade/ Recolhe falsidade".

Em "Se algum dia", o poeta imagina o que vai sentir se por acaso for abandonado pela sua amada. Se isso acontecer, ele não quer mais viver: "e hei de dizer a quem perguntar/ Prefiro morrer". No final do samba, ele imagina uma possível volta e novamente há paz em seu coração. O curioso nesse samba é que nada aconteceu: ele apenas imagina e sente como se isso tivesse ocorrido.

"Não me deixaste ir ao samba" (Carlos Cachaça e Heitor dos Prazeres) é um samba-crônica carnavalesco, que trata dos conflitos do casal nos dias de Carnaval.

Em "Harmonia lá em Mangueira" (Carlos Cachaça), o sambista evoca seus companheiros de escola, com seus instrumentos e seus talentos.

"As flores e os espinhos" (Carlos Cachaça), título que é quase o mesmo do samba de Nelson Cavaquinho, com a diferença de que aqui flores e espinhos estão no plural. Samba filosófico, que tematiza a brevidade da vida, pois, ele canta, "na vida tudo passa/ Se esvai como fumaça".

"Cabrocha" (Carlos Cachaça), samba exaltação da beleza da mulata que, apesar de não ter sido rainha nos concursos de *miss*, é a imperatriz do samba brasileiro e coroada no estrangeiro. Em contraponto à exaltação da cabrocha, a denúncia da marginalização do mundo do samba.

"Juramento falso" (Carlos Cachaça) é um tema muito presente na música popular brasileira, lembrando de "Jurar com lágrimas", de Paulinho da Viola, em que ele canta: "Jurar com lágrimas que me ama/ Não adianta não/ Eu não vou acreditar", ou ainda "Aos pés da santa cruz" (Marino Pinto e Zé da Zilda), em que a amada jura um grande amor aos pés da santa cruz, mas o juramento é falso: "Jurou mas não cumpriu/ Fingiu e me enganou". Cachaça canta: "Jurar é mentir, jurar é fingir, jurar é pecado". Juraram a ele um amor sagrado, mas esse juramento era falso. Por causa da jura, ele se entregou àquele amor, mas aí então "a mesma criatura/ jurou não ter jurado".

"Clotilde" (Carlos Cachaça) é uma valsa que o poeta fez para sua companheira da vida inteira, Menina. Valsa delicada, com imagens de pureza, angelicais – céu, pérola, anjos em que o sambista expressa sua verdadeira adoração por sua amada.

Outra iluminada parceria de Cachaça e Cartola, dessa vez com a participação de Hermínio Bello de Carvalho, o samba "Alvorada" é beleza e luz. Sobre ela, Affonso Romano de Sant'Anna escreveu: "Só poetas, olhando o dia nascer, saberiam descrevê-lo dizendo estar 'a natureza tingindo a alvorada'"[299]. Encontro entre a natureza, a inspiração poética, a música e a pintura, o sambista pinta com sua música, em nosso imaginário, um quadro do alvorecer, momento de alumbramento, quando o mundo, saindo da escuridão da noite, começa a se colorir.

Na segunda parte, ele compara a alvorada à sua amada, que ilumina "seus caminhos tão sem vida". Como Beatriz, de Dante, a mulher amada é luz, estrela-guia que conduz e salva o sambista, impedindo que ele fique a errar pelo mundo, "vagando por uma estrada perdida".

Numa madrugada, Carlos Cachaça e Cartola estavam descendo o morro e ficaram impressionados com a beleza do amanhecer. Inspirados por essa cena, fizeram a primeira parte do samba. Depois, foram até a casa de Hermínio Bello de Carvalho, para completar a composição. Hermínio então fez a letra da segunda parte e Cartola a música[300]. Assim raiou essa "Alvorada", que segue iluminando nossos caminhos, tão sem vida. Nesse samba, o poeta faz a exaltação da natureza, fonte de luz, alegria, de vida, de cor, em contraponto à tristeza sombria do poeta. A mulher amada é comparada à alvorada, iluminando os

---

299 Marília Trindade Barboza da Silva, *Alvorada, op. cit.*, p. 45.

300 Jairo Severiano e Zuza Homem de Mello, *A canção no tempo, op. cit.*, v. 2, p. 123.

caminhos sombrios do poeta. É um samba de uma beleza indizível, no qual a luz vai iluminando o mundo e o coração do poeta.

AS PARCERIAS COM CARTOLA

Além de "Quem me vê sorrindo" e "Alvorada", Cachaça tem outras parcerias com Cartola: "Não quero mais amar a ninguém", "Ciência e arte", "Silêncio de um cipreste" e "Tempos idos".

"Não quero mais amar a ninguém", belíssimo samba de Cartola, Carlos Cachaça e Zé da Zilda, gravado por Paulinho da Viola no LP *Nervos de a*ço (1973), canta a desilusão amorosa causada por um mau destino. O sambista não quer "mais amar a ninguém" porque "o destino não quis" o seu primeiro amor, que "Morreu como a flor/ Ainda em botão".

A felicidade do amante, diz a canção, não depende dele: está sujeita à mão invisível do destino e, quanto a isso, ele nada pode fazer, pois a força do destino é muito maior do que a do poeta. O destino é o que explica o fracasso amoroso e, sendo uma força contra a qual não se pode lutar, nos remete ao universo da fragilidade humana.

Embora o amor não se realize, o sentimento que foi despertado continua vivo e é essa a causa do sofrimento do sambista. O amor é breve, morre ainda em botão, e a dor permanece, os "espinhos que dilaceram" o coração.

A brevidade do amor é ainda mais acentuada quando o poeta o compara a uma "flor ainda em botão", pois a flor, que já é frágil e efêmera, nem sequer desabrochou: é uma flor-botão, que nem chega a existir, pois morre antes de nascer.

O romancista Stendhal, no século XIX, escreveu um livro, *Do amor*, no qual trata da "doença da alma chamada amor"[301]. Ele descreve todas as suas fases: admiração, prazer, esperança e nascimento. A esperança, diz ele, faz nascer o amor, mas, se este vier a morrer, o sentimento despertado continuará vivo. Esse é o motivo do sofrimento amoroso: o amante continua a amar apesar de não ter mais o objeto de seu amor. Este par – brevidade do amor e duração da dor – é motivo de seu desencanto.

---

301 Stendhal, *Do amor*, São Paulo: Martins Fontes, 1999.

O poeta é "semente de amor", "mas sem ter vida e fulgor, eis minha sentença". Conflito entre a natureza amorosa do sambista e a sentença de seu destino infeliz: seu amor "foi beijo que nasceu e morreu sem se chegar a dar".

Esse par – brevidade do amor e permanência da dor – é um tema recorrente na lírica do samba. E, nesse sentido, o ensaio de Nuno Ramos "Ao redor de Paulinho da Viola" é esclarecedor. Nuno Ramos fala que no samba há duas linhas de força: uma, a do "samba malandro", que é "o lugar em que os excluídos se dão bem, o reino afirmado do prazer e do ardil, espécie de duplo onde o trabalho é driblado e o ócio vence"[302]. A essa linha pertence, por exemplo, grande parte da obra de Noel Rosa e seus pares, em que o cotidiano está presente em toda parte: "Três apitos", "Conversa de botequim", "Cinema falado". A outra linha, ele chama de "samba de quem perdeu", em que há uma "certa glória de ser esquecido", em que o sambista sofre os reveses da vida e, desobrigado de vencer, expressa seu desalento. Esse samba pertence a essa segunda linha.

Na terceira e última estrofe, o sambista desiste de amar, ri do passado e desacredita do amor: "Às vezes dou gargalhada ao lembrar o passado". Diante do mau destino, o poeta usa da ironia, ri do amor, despreza-o e não quer mais amar a ninguém: seu modo de aceitar o destino será, então, o desamor e a ironia. Ele se veste com o manto do mau destino.

"Escrevendo sobre o samba 'Não quero mais amar a ninguém', que deu à Estação Primeira de Mangueira o prêmio de melhor música do desfile das escolas de samba de 1936", conta Sérgio Cabral, "afirmei que, na parceria de Cartola-Carlos Cachaça, o belo verso 'semente de amor sei que sou desde nascença' era de autoria do segundo. Cartola me corrigiu, dizendo que foi ele o autor da segunda parte do samba, e completou orgulhoso: 'Nem tudo o que é bonito é do Carlos Cachaça'. Cartola tinha razão. Nem tudo que é bonito é do Carlos Cachaça, mas tudo do Carlos Cachaça é bonito"[303].

Nesse samba há um desconcerto entre o desejo do sujeito e o que lhe acontece, entre sua natureza amorosa e seu mau destino. Em "Caminho da existência", esse conflito se dá entre o desejo de retornar ao início da vida e o ritmo inexorável do tempo, entre desejo de eternidade e a brevidade da existência. Em

---

302 Nuno Ramos, "Ao redor de Paulinho da Viola", em: *Ensaio geral*, São Paulo: Globo, 2007, pp. 84-5.

303 Marília Trindade Barboza da Silva, *Alvorada, op. cit.*

ambas as canções há um desacerto, um descompasso entre o sujeito e o mundo, desacerto que gera sofrimento, desesperança. Se no mundo da arte é sempre possível recomeçar, renascer das próprias cinzas, no mundo da existência isso não é possível, pois ele é o lugar da finitude, do tempo, do inexorável, como ensina Sófocles: "O tempo onipotente apaga tudo que ocorre neste mundo"[304]. O amor do sambista morreu antes mesmo de nascer e ele continua sofrendo, ou melhor, para não sofrer, desdenha do amor, ironiza e nega. Ele não quer mais amar a ninguém. Mas será possível a uma "semente de amor" não mais amar?

"Ciência e arte" é um samba-enredo, samba-exaltação que louva a cultura brasileira – a ciência e a arte. Diz o samba: o Brasil é "portentoso e altaneiro", e eles, os compositores, "estes pobres vates", querem glorificar "Os homens que escreveram tua história" com "este pobre enredo". E, assim, levar esses homens "ao panteão dos grandes imortais". Foi gravado por Cartola no LP *Cartola 70 anos*, em 1979, e, depois, gravado por Gilberto Gil no disco *Quanta*, em 1997.

"Silêncio de um cipreste" começa afirmando o direito que todos têm à felicidade: "Todo mundo tem o direito de viver cantando". Aqui, a felicidade está associada ao direito de cantar. Apesar disso, ele, o poeta, não consegue ser feliz, pois pensa demais no que não conseguiu realizar na vida: "O meu único defeito é viver pensando/ Em que não realizei". Ele gostaria de ser diferente, de mudar o seu pensar. Ele não é feliz porque não vive cantando, porque pensa muito e pensa em tudo o que não fez. Há então uma oposição entre cantar e pensar, o cantar associado à alegria e o pensar à tristeza. Mas não é o pensamento em si que o torna infeliz, e sim certo modo de pensar, o pensar sobre o que não realizou, o pensar sobre seus fracassos.

E o samba continua dizendo que o pensamento "É uma luz vacilante e incerta/ É o silêncio do cipreste/ Escoltado pela cruz".

Conversando com um amigo, João Jonas Veiga Sobral, profundo conhecedor da obra de Cartola, sobre qual seria o sentido de "silêncio de um cipreste", ele me disse:

> Cipreste é uma alegoria para morte. Simboliza morte,
> dor, tristeza, luto; geralmente representado pelo ramo

---

304 Sófocles, "*Ájax*", em: *Tragédia grega*, Rio de Janeiro: Zahar, 2009, v. 1, p. 83.

dessa árvore que cobria túmulos. A metáfora reforça
o silêncio, o túmulo, por isso a escolta da cruz, também
silenciosa. Ela relaciona o pensamento vazio daquilo que
não se realizou. Como algo solitário, que não volta. Algo
que "nasceu e morreu sem se chegar a dar". O pensamento
inútil do que não ocorreu. A morte do não acontecido.

A canção "Tempos idos" comentamos na parte dedicada aos sambas de
Cartola. Foi gravado no LP de Cartola *Verde que te quero rosa*, de 1977, e também no LP *Fala Mangueira!*, em que participam Clementina de Jesus, Odete Amaral, Cartola, Carlos Cachaça e Nelson Cavaquinho, 1968.

OS SAMBAS DE ENREDO

Como ensinam Nei Lopes e Luiz Antônio Simas,

> o samba de enredo é uma modalidade de samba que
> consiste em letra e melodia criadas a partir do resumo
> do tema escolhido como enredo de uma escola de
> samba. Os primeiros sambas cantados pelas escolas em
> suas apresentações carnavalescas eram de livre criação:
> falavam do meio ambiente, do próprio samba, da realidade
> dos sambistas. Com a instituição das disputas entre as
> escolas, por meio de concursos, na década de 1930, eles,
> comprometidos com os temas apresentados, passaram a
> narrar episódios e exaltar personagens da história nacional,
> do ponto de vista da historiografia dominante. Nascia aí
> o subgênero consagrado sob a denominação de samba de
> enredo, que se fixava e difundia sob forte influência do estilo
> samba-exaltação, surgido em 1939.[305]

Carlos Cachaça compôs alguns sambas de enredo. Alguns, como único autor ("Homenagem" e "Lacrimário"), e outros em parceria com Cartola ("Brasil, ciência e arte", "Vale do São Francisco" e "Tempos idos").

Em "Homenagem" (1933), Carlos Cachaça louva Castro Alves, Olavo Bilac, Gonçalves Dias e outros poetas. Castro Alves, poeta romântico baiano que, segundo Antonio Candido e J. Aderaldo Castello, repartia sua vida nas "aventuras do amante fogoso, no sentimento da natureza brasileira e no amor das grandes causas humanas e sociais, notadamente o abolicionismo"[306]. Dono de um lirismo

---

305   Nei Lopes e Luiz Antônio Simas, *Dicionário da história social do samba*, Rio de Janeiro: Civilização Brasileira, 2021, p. 257.

306   Antonio Candido e J. Aderaldo Castello, *Presença da literatura brasileira: do romantismo ao simbolismo*, Rio de Janeiro; São Paulo: Difel; Difusão Editorial, 1958, p. 59.

impregnado de sensualidade, "amante das hipérboles, das ideias e das imagens arrojadas das grandes antíteses entre o real e o ideal, a sua poesia se apresenta frequentemente caracterizada por uma eloquência vibrátil e comovedora, de poderosa sugestão visual e impressão auditiva"[307]. Entre seus poemas, o estarrecedor "O navio negreiro", em que descreve os horrores do tráfico escravo. Olavo Bilac, poeta parnasiano, autor, entre outros, do conhecido poema "Ora (direis) ouvir estrelas", que faz parte dos 35 sonetos que compõem *Via Láctea*, onde exalta o amor sensual. E o romântico indianista Gonçalves Dias, cuja obra poética trata dos grandes temas românticos do amor e da natureza. Como disse Alfredo Bosi, "é preciso ver na força de Gonçalves Dias indianista o ponto exato em que o mito do bom selvagem, constante desde os árcades, é nele matéria de poesia"[308]. Entre seus poemas, a célebre "Canção do exílio" e "I-Juca-Pirama".

Se você pensa que a citação desses poetas traduz um lado "erudito" do nosso sambista, você está enganado. É ele mesmo quem conta como isso aconteceu:

> As pessoas vão dizendo as coisas do jeito que querem, mas quando eu vejo uma coisa errada, eu divirjo. Todo mundo diz que meu samba "Homenagem" é de 1934, alguns o apontam como o primeiro samba-enredo. Mas ele é de 1933. Quem estava organizando tudo naquele ano era o Pedro Palheta. O enredo era "Uma segunda-feira no Bonfim". Em cima do Carnaval, o Pedro Palheta se aborreceu e foi embora, largando tudo nas mãos do Massu. Não havia tempo para elaborar outro enredo, e nós, que não sabíamos nada da Bahia, ficamos um bocado atrapalhados. Eu até mandei o Massu procurar o Baiano Barbeiro, que, tendo nascido em Salvador, devia poder dar boas informações. [...] Aí o Cartola lembrou ao Massu que eu tinha um samba que falava em Castro Alves e, na falta de tempo para fazer outro, ia ficar aquele mesmo como samba principal. Era o "Homenagem": "Recordar Castro

---

307   *Ibidem*.

308   Alfredo Bosi, *História concisa da literatura brasileira*, São Paulo: Cultrix, [s. d.], p. 115.

Alves/ Olavo Bilac e Gonçalves Dias/ E outros imortais/
Que glorificam nossa poesia". Então, uma das partes do
enredo passou a ser aquela. Nós mandamos pintar uns
quadros com os rostos dos poetas citados na letra do
samba e carregávamos como se fossem estandartes.
O resultado geral era o que hoje a gente chamaria de uma
ala. E se tinha Castro Alves, a relação com o enredo, que
era a Bahia, estava feita.[309]

Para o enredo de "Lágrimas de poeta" (1940), Carlos Cachaça compõe "La-crimário", palavra que penso que ele inventou, um neologismo resultante da soma de lágrima (lácrima) e relicário. Relicário, uma caixinha ou cofre onde se guardam relíquias, que, no samba, são as lágrimas feitas de sofrimento: "Tenho um lacrimário/ Extraordinário/ Lindo relicário/ Que um dia fiz do meu sofrer". Ele guarda essas lágrimas como joias, como relíquias e, quando quer se lembrar de seu sofrimento, abre a caixinha onde está guardado tudo o que sofreu, onde guarda suas lágrimas. Cachaça gravou "Lacrimário" no LP *Clementina de Jesus, convidado especial Carlos Cachaça*, em 1975.

"Brasil, ciência e arte", em parceria com Cartola, é um samba-enredo que exalta o Brasil "quer na ciência e na arte". Já comentei. O samba louva "Os homens que escreveram/ tua história/ conquistaram tuas glórias/ Epopeias triunfais". Esse samba, que se diz ter um pobre enredo, almeja algo grandioso: com esses "rudes poemas", glorificar os nomes dos grandes brasileiros e "Levá-los ao panteão/ Dos grandes imortais". Exaltando a arte e a ciência, e nomes como Pedro Américo e César Lattes, é um dos primeiros sambas-enredo-exaltação.

"Vale do São Francisco" (1948), em parceria com Cartola, uma obra-prima, considerado pela crítica especializada um clássico, segundo Marília Trindade Barboza. É realmente lindo. Exalta a beleza do Brasil como um pintor o faria através de um quadro sublime: "Que quadro sublime/ De um santo pintor". Aí então, pergunta quem fez esse quadro. E a resposta que ele dá: "Responde soberbo o campestre/ Foi Deus, foi o Mestre/ Quem fez meu Brasil! Meu Brasil! Meu Brasil!!!". Também um samba-exaltação, agora banhado de beleza e

---

309 Marília Trindade Barboza da Silva, Carlos Cachaça e Arthur L. de Oliveira Filho, *Fala, Mangueira!*, Rio de Janeiro: José Olympio, 1980, pp. 44-5.

lirismo. Lindas imagens: "noite invernosa", "chão de prata", "riquezas estranhas", "Espraiando belezas/ Por entre as montanhas". É realmente uma beleza, um quadro feito por um pintor inspirado, pelo criador. Como disse Olgária Matos, em seu ensaio "*Theatrum Mundi*: filosofia e canção", Giordano Bruno escreveu que: "Os filósofos são de certo modo pintores e poetas; os poetas, pintores e filósofos; os pintores, filósofos e poetas"[310].

O samba-enredo "Tempos idos", também parceria com Cartola, conta a história do samba, da praça Onze até os salões do Municipal e, depois, a sua ida para o estrangeiro. É um samba nascido da memória de um sambista, que conta, vitorioso, toda a conquista do samba, que passou de maldito a bendito, como muito bem falou Hermano Vianna em *O mistério do samba*: "Os tempos idos nunca esquecidos/ Trazem saudade ao recordar"[311]. A tristeza aqui é causada pela inexorável passagem do tempo, por saber que o passado não volta, ou melhor, só volta através da rememoração, que mantém vivos amores e tradição. Aí o samba conta seu nascimento na praça Onze, na época em que samba era sinônimo de malandragem. Depois ele vai penetrando na "alta" sociedade, saindo da rua e indo para os salões, e dos salões do Brasil para os do estrangeiro. E o samba narra essa trajetória vitoriosa.

A trajetória do samba, que, sem perder sua essência, seu modo de ser, humildemente conquistou o mundo. Aqui podemos ver a presença dessa dupla: humildade-grandiosidade, pois, sendo humilde, não é pequeno; sua humildade é sua força e sua grandeza e, sendo como é, sem alterar sua essência, a todos ele conquistou.

---

310   Olgária Matos, "*Theatrum Mundi*: filosofia e canção", *op. cit.*, p. 102.

311   Hermano Vianna, *op. cit.*

OS POEMAS

*A poesia é conforto, alimenta a alma e
o corpo, vive, aspira a atingir a paz.*

Carlos Cachaça ·

Além de compositor de sambas, Carlos Cachaça também escrevia poemas. Parte de sua poesia está reunida no livro *Alvorada: um tributo a Carlos Moreira de Castro (Carlos Cachaça)*, de Marília Trindade Barboza da Silva, publicado pela Funarte, em 1989.

Em "Degraus da glória", o poeta fala da ingratidão humana e dos caprichos da fortuna. Ingratidão: aquele que se promoveu com a ajuda dos outros, esquece os que ficaram para trás: "Chegaste aos últimos degraus da glória/ Esquecendo os outros que ficaram atrás". Mas aí vem a fortuna, imprevisível e impiedosa, que o empurra para baixo. Quanto ao poeta, que não almejava subir esses "degraus da glória", não estará sujeito a esse tipo de sofrimento, e, diz ele, se tropeçar irá sofrer pouco: "Porque desde o meu começo já estou no chão". O desprendimento é causa de felicidade, o apego à glória, de sofrimento.

"Flor dos anos" já comentei quando escrevi sobre o samba "Caminho da existência". Trata da impermanência da vida.

"Esquisito testamento" é realmente um poema estranho. O sambista não pede nada agora, ele não deixa nada para ninguém, mas pede que na sua velhice seja amparado. E de que forma? Diz ele que agora está "muito bem, forte, feliz e contente", mas que em breve precisará de ajuda, quando estiver sem forças, vencido "pelo enfadonho horrível negativo peso da velhice". Aí, então, diz, precisaria que alguém o amparasse. Há aqui uma máxima moral: quando estamos bem, fortes e não precisamos de ajuda, todos se oferecem, mas, quando estamos fracos, as pessoas se afastam, disfarçam e se escondem. Quando não precisamos, todos oferecem ajuda, mas, quando precisamos, fogem. Por isso seu testamento é esquisito, porque as pessoas oferecem ajuda no momento em que ela não é necessária. O sambista diz que podem guardar o que estão oferecendo agora "Porque vou precisar quando já inútil chegar no meu fim".

Outro poema fúnebre: "Cemitério". Nele, Carlos Cachaça retrata a tristeza do cemitério, onde até as flores perdem sua beleza, "lugar pavoroso/ indesejável ermo". O poeta visita o túmulo de sua mãe, e, não sabe se foi ilusão ou não, conversa com ela. Morte e esquecimento: ela se queixa ao filho por este não vir ao cemitério há muito tempo. Os dois choram. E o espectro da mãe pede ao poeta que a visite sempre. Ele promete que se mudará para aquele lugar "horripilante", mas onde sua mãe dorme. Ela o abençoa. E ele parte. Diz o poeta: "E de repente ouvi:/ Psiu! Psiu! Psiu!/ Mas tive medo/ E não olhei para trás".

"Você é", poesia dedicada ao seu amigo e parceiro Hermínio Bello de Carvalho, é um elogio às qualidades do amigo: "luz que ilumina em qualquer tempo", "bálsamo bendito que alivia a dor", enfim um tributo a ele, pessoa generosa, bondosa e iluminada.

Em "Você sabe?", o poeta pergunta a um você, que pode ser o leitor ou não, se sabe por que ele sempre está triste. E ele mesmo responde: "É porque a felicidade/ Talvez sem maldade/ Não goste de mim". Em vez do amor, enviou-lhe o tédio; em vez da rosa, os espinhos. Esse poema me faz lembrar um samba-canção de Claudionor Cruz e Pedro Caetano, "A felicidade perdeu seu endereço": "Ingenuamente a alegria ousei convidar/ Esperei, mas enfim, o silêncio falou: – Desperta desta ilusão/ Que a alegria não vem/ Já perdeu seu cartão".

Em "Super natureza", o poeta exalta a beleza e esplendor da "sublime" e "majestosa" natureza, que revela "a onipotência do criador". Céu e mar que se encontram, o sol que tudo ilumina – notando como é recorrente na sua poética o tema do sol que ilumina o mundo –, borboletas coloridas, canto dos sabiás, flores lindas. O infinito e suas constelações, à noite. Poema sonoro e imagético.

"Realidade" é um poema sobre a vaidade e o orgulho: "Para que carregas tanta vaidade?", diz um dos versos. A realidade pode mostrar a essa mulher que tudo isso é vão, pois basta um golpe do destino ou o fatal desenrolar do tempo, que tudo vai ao chão. "Que eras quase nada quando principiaste/ o nada feito lama infeta e nojenta." Antes de nascer, ela era nada e nada virará depois da morte. Ela se sente superior, trata o poeta como lixo: "E achas com o direito de originário orgulho/ Tratar-me como entulho escravo dos teus pés".

Tom lúgubre, poemas que falam da morte, do cemitério, da velhice, tudo isso já nos faz pensar em Baudelaire. Mas esse poema agora é totalmente baudelairiano.

Já pelo título: "Nada". O tom do início é bíblico, o sopro de vida: "O meu ser foi feito de um sopro, apenas". Em seguida, ele fala da deterioração da matéria que será devorada pelos vermes: "Que em breves dias será lama e pó". Impossível não nos lembrarmos do poema de Baudelaire, "Uma carniça". "Lembra-te, meu amor, do objeto que encontramos/ Numa bela manhã radiante/ Na curva de um atalho, entre calhaus e ramos/ Uma carniça repugnante"[312]. Não sei se Carlos Cachaça leu Baudelaire. Sei que ele lia muita poesia. Cartola mesmo contou. Mas também esta não é a questão. A questão é essa forte e surpreendente aproximação entre o poeta maldito francês e o sambista da Mangueira. O poema de Carlos termina assim: "O que fui? O que sou? E o que serei? Nada". No poema "Realidade", ele também fala do nada: "Que eras quase nada quando principiaste/ o nada feito lama infeta e nojenta".

"Namoradas dos céus do Brasil" é um poema de beleza delicada, pura, ingênua, um grande contraste com o poema anterior e que anuncia novos tempos: "Despontou a Nova Aurora/ Nos céus do Brasil". O poeta compara as estrelas da noite, onde "a paisagem é tão linda", com namoradas que querem ser beijadas: "Parece que são namoradas/ Na ânsia de um beijo".

Em "Forçada ausência", o poeta lamenta ter sido maltratado pelos seus, o que o levou a buscar abrigo entre estranhos: "Se fui buscar guarida entre os estranhos/ É porque os meus me foram tão cruéis". Até pelos filhos foi muito maltratado: "Até meus filhos me foram tão ingratos". Só sente saudade mesmo de seu cão Guará, que lhe dava carinho, era seu amigo: "Todas as vezes que eu chegasse em casa/ Vinha afagar-me como um bom filho amigo".

Em "Farrapo humano", Carlos Cachaça trata do tema da decadência da beleza: uma mulher decaída, malvestida, com a face angustiada, vai passando. Ela já teve seus dias de beleza e glória. Quando era bela, desprezava e zombava das outras. Conquistava tudo com sua beleza, porém esqueceu-se de lembrar que "o que a natureza dava/ ela própria natureza, se quisesse, tiraria". O poeta, apaixonado pela sua beleza, foi por ela desprezado. Ele, que não foi amado, vê na decadência dela um castigo: "Ao invés de ser agora a mulher que era/ É um quadro vivo de um farrapo humano".

---

312   Charles Baudelaire, "Uma carniça", em: *As flores do mal, op. cit.*, pp. 173-5.

"Beleza exterior", como já diz o título, fala de alguém que só valoriza a aparência: "Você só se importa e se ilude/ Com a beleza exterior". Pode haver, ele ensina, uma grande beleza interior em alguém que tenha uma aparência horrível. E aí vem a máxima moral: a beleza verdadeira é a beleza interior, a beleza verdadeira é a poesia, nos ensina Carlos Cachaça.

DISCOGRAFIA

Fala Mangueira! (Odeon, 1968) – com Odete Amaral, Cartola, Clementina de Jesus e Nelson Cavaquinho

Cartola – Cartola (Marcus Pereira, 1974)

Convidado especial Carlos Cachaça – Clementina de Jesus (Odeon, 1976)

Carlos Cachaça (Continental, 1976)

Cartola 70 anos – Cartola (RCA Victor, 1979)

Afinal – Délcio Carvalho (Leblon, 1996) – gravação de "Caminho da existência"

CONCLUSÃO

Ouvindo atentamente parte da obra desses três grandes sambistas, a gente pode ver que nela se delineia uma filosofia de vida. Vale relembrar o que escreveu a esse respeito a filósofa Olgária Matos:

> nas canções brasileiras encontra-se, com frequência, uma elaboração musical e literária enunciando uma filosofia moral. Esta se constituiu na tradição da "medicina da alma" e "consolo da filosofia", pois ela se quer a ciência da vida feliz. Se é preciso pensar bem (filosofar), é para viver melhor. [...] A filosofia moral ensina a lidar com os prazeres e dissabores, pois se apenas o impulso bastasse para desfrutar de todos os deleites e fugir das dores, ela perderia sua razão de ser.[313]

Nelson Cavaquinho e seus ensinamentos sobre a brevidade da vida – a velhice e a morte, a simplicidade da existência, a nossa fragilidade diante do destino, a compaixão. Cartola e o moinho do mundo, a delicadeza dos sentimentos, a franqueza, a efemeridade da vida, a velhice, o perdão. Carlos Cachaça e o conflito entre o desejo do sambista e o ritmo do mundo, o desejo de eternidade e a impermanência, a verdadeira beleza, que é interior: "É na compreensão do mundo como perigo e risco, em um mundo no qual o presente é contingente e o futuro incerto, em meio à Fortuna e à deriva das paixões, que se evocam máximas morais, provérbios, fábulas, parábolas, cujos ensinamentos auxiliavam na arte de viver, comunicados por meio do tempo e da tradição oral"[314]. E a canção popular tece esse fino saber que nos auxilia a viver neste nosso mundo incerto.

---

313 Olgária Matos, "*Theatrum Mundi*: filosofia e canção", *op. cit.*, pp. 107-8.

314 *Ibidem*, p. 20.

Pessoas simples, com grande sabedoria, com um olhar profundo sobre a condição humana, sabedoria forjada na existência, na escola da vida. Mestres que com seus sambas iluminaram e iluminam a vida de tantos brasileiros. Sambas que falam direto ao coração. Como escreveu Drummond: "Cartola sabe sentir com a suavidade dos que amam pela vocação de amar, e se renovam amando. [...] O nobre, o simples, não direi o divino, mas o humano Cartola, que se apaixonou pelo samba e fez do samba o mensageiro de sua alma delicada"[315].

Nuno Ramos, em seu ensaio "Rugas", escreve sobre Nelson Cavaquinho e Cartola e suas considerações podem se estender também, penso, a Carlos Cachaça. Aponta três traços que caracterizam a poética desses sambistas: a abstração, a sobriedade e a velhice.

Abstração: os sambas nascem, muitas vezes, de uma situação concreta, de algo que aconteceu, mas se movem para "um ponto de vista distanciado, moral ou cósmico"[316]. Dizendo de outro modo, ele vai do concreto ao abstrato. Distancia-se. Nuno cita um samba de Cartola que fala da traição a um amigo – "fui trair meu grande amigo" –, e que conduz a uma máxima moral – "faço tudo pra evitar o mal/ sou pelo mal perseguido"[317]. O morro, lugar de onde o sambista olha o mundo, passa a ser, principalmente, "um lugar alto, distante, isolado. Instalado ali, o compositor, sozinho, é soberano"[318].

A sobriedade é uma "espécie de nitidez formal, singela ou solene, que cria distância ao mesmo tempo que compensa o indefinido do assunto. O compositor não ginga, não desvia, não malicia, nada tem do malandro"[319].

A terceira característica comum aos três é a velhice: "o ponto de vista de quem já viveu"[320].

São pessoas humildes, que estudaram pouco e que são filósofos populares, que dão conselhos: "O conselho tecido na substância viva da existência tem um nome: sabedoria", ensina o filósofo Walter Benjamin[321]. Diz Nuno Ramos:

---

315 Carlos Drummond de Andrade, "Cartola: no moinho do mundo", *op. cit.*, pp. 10-1.

316 Nuno Ramos, "Rugas: sobre Nelson Cavaquinho", *op. cit.*, p. 13.

317 *Ibidem*, pp. 13-4.

318 *Ibidem*, p. 14.

319 *Ibidem*.

320 *Ibidem*.

321 Walter Benjamin, *op. cit.*

"Em Cartola, o cantor, antes de mais nada, dá conselhos. Aquele que já viveu sopra aos ouvidos de quem escuta: 'o mundo é um moinho' ou 'acontece, acontece'"[322]. Conselhos, ensinamentos, máximas morais. Carlos Cachaça ensina que a verdadeira beleza é interior: "É a beleza da alma/ Que alimenta e acalma/ Beleza que se chama: poesia". Nelson ensina o desapego; "Eu me considero rico em ser pobre/ Faça como eu, que sempre soube ser nobre".

Poetas, sábios populares, sambistas de sofisticada invenção melódica e poética, como explicar a obra desses grandes sambistas, dessas grandes almas brasileiras? Não sei. Só sei que graças a eles nossa vida fica mais bela e melhor e, assim, podemos entender melhor nossa condição humana e a vida, esse eterno mistério.

---

322 Nuno Ramos, "Rugas: sobre Nelson Cavaquinho", *op. cit.*, p. 14.

REFERÊNCIAS

AGOSTINHO, Santo. *Confissões*. Trad. Lorenzo Mammi. São Paulo: Penguin Classics; Companhia das Letras, 2017, livro X.

ALIGHIERI, Dante. *A divina comédia*. Trad. Cristiano Martins. Belo Horizonte: Itatiaia, 1979.

ARENDT, Hannah. *A condição humana*. Trad. Roberto Raposo. Rio de Janeiro; São Paulo: Forense Universitária; Salamandra; Edusp, 1981.

ARRIGUCCI JR., Davi. *Humildade, paixão e morte: a poesia de Manuel Bandeira*. São Paulo: Companhia das Letras, 1990.

ASSIS, Machado de. "Memórias póstumas de Brás Cubas". Em: *Obras completas*. Rio de Janeiro: José Aguillar, 1971, v. 1.

_____. "Quincas Borba". Em: *Obras completas*. Rio de Janeiro: José Aguillar, 1971, v. 1.

AUERBACH, Erich. *Ensaios de literatura ocidental: filologia e crítica*. Trad. Samuel Titan Jr.; José Marcos Mariani de Macedo. São Paulo: Duas Cidades; Editora 34, 2012.

BANDEIRA, Manuel. *Poesia completa e prosa*. Rio de Janeiro: Nova Aguillar, 1977.

BARROS, Rubem Rabello Maciel de. *A(re)construção do passado: música, cinema, história*. Dissertação de mestrado em Meios e Processos Audiovisuais. São Paulo: Universidade de São Paulo, 2011.

BARROS DE CASTRO, Maurício. *Zicartola: política e samba na casa de Cartola e dona Zica*. Rio de Janeiro: Cobogó, 2023.

BAUDELAIRE, Charles. *As flores do mal*. Trad. Ivan Junqueira. Rio de Janeiro: Nova Fronteira, 1985.

BEAUVOIR, Simone de. *A velhice*. Trad. Heloysa de Lima Dantas. São Paulo: Difusão Europeia do Livro, 1970, v. 1: A realidade incômoda; v. 2: As relações com o mundo.

BENJAMIN, Walter. "O narrador". Em: *Obras escolhidas*. Trad. Sérgio Paulo Rouanet. São Paulo: Brasiliense, 1994, v. 1: Magia e técnica, arte e política.

BÍBLIA DE JERUSALÉM. São Paulo: Paulus, 2011.

BIGNOTTO, Newton. "A condição humana". Em: NOVAES, Adauto (org.). *Poetas que pensaram o mundo*. São Paulo: Companhia das Letras, 2005.

BLANC, Aldir. "Cartola". *Buteco do Edu*, 11 out. 2020. Disponível em: <https://butecodoedu.wordpress.com/2020/10/11/cartola/>. Acesso em: jun. 2024.

BOSI, Alfredo. *História concisa da literatura brasileira*. São Paulo: Cultrix, s/d.

CABRAL, Sérgio. *As escolas de samba do Rio de Janeiro*. Rio de Janeiro: Lumiar, 1996.

CAMPOS JR., Celso de. *Pelão: a revolução pela música*. São Paulo: Garoa Livros, 2020.

CANDIDO, Antonio; CASTELLO, J. Aderaldo. *Presença da literatura brasileira: do romantismo ao simbolismo*. Rio de Janeiro; São Paulo: Difel; Difusão Editorial, 1958.

CHAUÍ, Marilena. *Convite à filosofia*. São Paulo: Ática, 1995.

_____. *Introdução à história da filosofia*. São Paulo: Companhia das Letras, 2010, v. 2: As escolas helenísticas.

CHEDIAK, Almir (org.). *Nelson Cavaquinho, songbook*. Rio de Janeiro: Lumiar, 2016.

_____. *Noel Rosa, songbook*. Rio de Janeiro: Lumiar, 2020, v. 1.

COUTO, José Geraldo. "Obra dialoga com o mundo do compositor". *Folha de S.Paulo*, 6 abr. 2007, Ilustrada, p. E1.

DAMATTA, Roberto. *Carnavais, malandros e heróis: para uma sociologia do dilema brasileiro*. Rio de Janeiro: Rocco, 1997.

DIDI-HUBERMAN, Georges. *A vertical das emoções: as crônicas de Clarice Lispector*. Trad. Eduardo Jorge de Oliveira. Belo Horizonte: Relicário Edições, 2021.

EPICURO. *Carta sobre a felicidade (a Meneceu)*. Trad. Álvaro Lorencini; Enzo Carratore. São Paulo: Unesp, 2002.

FREUD, Sigmund. "Luto e melancolia". Em: *Obras completas*. Trad. Paulo César de Souza. São Paulo: Companhia das Letras, 2010, v. 12: Introdução ao narcisismo, ensaios de metapsicologia e outros textos (1914-16).

_____. "A transitoriedade". Em: *Obras completas*. Trad. Paulo César de Souza. São Paulo: Companhia das Letras, 2010, v. 12: Introdução ao narcisismo, ensaios de metapsicologia e outros textos (1914-16).

_____. "Inibição, sintoma e angústia". Em: *Obras completas*. Trad. Paulo César de Souza. São Paulo: Companhia das Letras, 2014, v. 17: Inibição, sintoma e angústia, O futuro de uma ilusão e outros textos (1926-29).

_____. "O futuro de uma ilusão". Em: *Obras completas*. Trad. Paulo César de Souza. São Paulo: Companhia das Letras, 2014, v. 17: Inibição, sintoma e angústia, O futuro de uma ilusão e outros textos (1926-29).

GAZOLLA, Rachel. *O ofício do filósofo estoico*. São Paulo: Loyola, 1999.

HAN, Byung-Chul. *Sociedade do cansaço*. Trad. Enio Paul Giachini. Petrópolis: Vozes, 2017.

JAEGER, Werner. *Paideia: a formação do homem grego*. Trad. Artur M. Parreira. São Paulo: Martins Fontes, 2011.

LINS, Paulo. *Desde que o samba é samba*. São Paulo: Planeta, 2012.

LOPES, Nei; SIMAS, Antônio. *Dicionário da história social do samba*. Rio de Janeiro: Civilização Brasileira, 2021.

LOPES DOS SANTOS, Ivan Cleber. "A preparação para a morte em Michel de Montaigne: uma leitura do ensaio 'Que filosofar é aprender a morrer'". *Argumento*, n. 13, 2016, pp. 51-64.

LOURENÇO, Eduardo. *Mitologia da saudade*. São Paulo: Companhia das Letras, 1999.

LUKÁCS, George. *A teoria do romance*. Trad. José Marcos Mariane de Macedo. São Paulo: Duas Cidades; Editora 34, 2000.

MACHADO, Afonso. "O dono das calçadas". Em: CHEDIAK, Almir (org.). *Nelson Cavaquinho, songbook*. Rio de Janeiro: Lumiar, 2016.

MARÍAS, Julián. *La educación sentimental*. Buenos Aires: Alianza Editorial, 2005.

_____. *La felicidad humana*. Buenos Aires: Alianza Editorial, 2005.

MATOS, Claudia Neiva. *Acertei no milhar: malandragem e samba no tempo de Getúlio*. Rio de Janeiro: Paz e Terra, 1982.

MATOS, Olgária. "*Theatrum Mundi*: filosofia e canção". Em: *Contemporaneidades*. São Paulo: Nacional; Lazuli, 2009.

MÁXIMO, João; DIDIER, Carlos. *Noel Rosa: uma biografia*. Brasília: UnB; Linha Gráfica, 1990.

MEIRELLES, Cecília. *Obra poética*. Rio de Janeiro: Nova Aguilar, 1977.

MELLO, Zuza Homem de. *Copacabana: a trajetória do samba-canção (1929--1958)*. São Paulo: Editora 34, Edições Sesc São Paulo, 2017.

MEYER, Augusto. *Ensaios escolhidos*. Rio de Janeiro: José Olympio, 2007.

MONTAIGNE, Michel de. *Ensaios*. Trad. Sérgio Milliet. São Paulo: Abril Cultural, 1992. Coleção Os Pensadores.

NEGREIROS, Eliete Eça. *Ensaiando a canção: Paulinho da Viola e outros escritos*. Cotia: Ateliê, 2011.

_____. *Paulinho da Viola e o elogio do amor*. Cotia: Ateliê, 2016.

NOVAES, José. *Nelson Cavaquinho, luto e melancolia na música popular brasileira*. Rio de Janeiro: Intertexto; Oficina do Autor, 2003.

OLIVEIRA, Sérgio de. *Cartola*. Rio de Janeiro: MediaFashion, 2010. Coleção Folha Raízes da Música Popular Brasileira, v. 3.

PASCAL, Blaise. *Pascal*. São Paulo: Abril Cultural, 1979. Coleção Os Pensadores.

PAZ, Octavio. *A dupla chama do amor e erotismo*. Trad. Wladyr Dupont. São Paulo: Siciliano, 1994.

PEREIRA, Arley. *Cartola: semente de amor sei que sou, desde nascença*. São Paulo: Sesc São Paulo, 1998.

PLATÃO. *O banquete*. Trad. José Cavalcanti de Souza. Rio de Janeiro: Bertrand Brasil, 1966.

RAMOS, Nuno. "Ao redor de Paulinho da Viola". Em: *Ensaio geral*. São Paulo: Globo, 2007.

_____. "Rugas: sobre Nelson Cavaquinho". *Serrote*, n. 1, mar. 2019.

RIBEIRO, Bruno. "Lágrimas de pedra: um olhar sobre a vida e a obra de Nelson Cavaquinho". *Revista Ópera*. 23 jan. 2021. Disponível em: <https://revistaopera.operamundi.uol.com.br/2021/01/23/lagrimas-de-pedra-um-olhar-sobre-a-vida-e-a-obra-de-nelson-cavaquinho/>. Acesso em: jun. 2024.

RIMBAUD, Jean-Arthur. *Uma temporada no inferno e iluminações*. Trad. Ledo Ivo. Rio de Janeiro: Francisco Alves, 1982.

ROCHA, Glauber. *Revolução do cinema novo*. São Paulo: Cosac Naify, 2004.

ROUSSEAU, Jean-Jacques. *Os devaneios do caminhante solitário*. Trad. Fúlvia Maria Luiza Moretto. Brasília: UnB, 1995.

RULL, Enrique. "Introducción". Em: CALDERÓN DE LA BARCA, Pedro. *El gran teatro del mundo*. Barcelona: Debolsillo, 2005. Coleção Clásicos Comentados.

SALEM, Helena. *Nelson Pereira dos Santos: o sonho possível do cinema brasileiro*. Rio de Janeiro: Record, 1987.

_____. *Leon Hirszman: o navegador das estrelas*. Rio de Janeiro: Rocco, 1997.

SARTRE, Jean-Paul. *Que é a literatura?* Trad. Carlos Felipe Moisés. São Paulo: Ática, 1999.

SÊNECA, Lucio Anneo, *Sobre a brevidade da vida*. Trad. Lúcia de Sá Rebello; Ellen Itanajara Neves Vranas; Gabriel Nocchi Macedo. Porto Alegre: L&PM, 2006.

_____. *Da tranquilidade da alma*, precedido de *Da vida retirada* e seguido de *Da felicidade*. Trad. Lúcia Sá Rebello; Ellen Itanajara Neves Vranas. Porto Alegre: L&PM, 2009.

_____. "Consolação a Políbio". Em: *Cartas consolatórias*. Trad. Cleonice F. M. van Raj. Campinas: Pontes, 1992.

SEVERIANO, Jairo; MELLO, Zuza Homem de. *A canção no tempo: 85 anos de músicas brasileiras*. São Paulo: Editora 34, 1997-98, v. 1: 1901-1957; v. 2: 1958-1985.

SHAKESPEARE, William. *Macbeth*. Trad. Beatriz Viégas-Faria. Porto Alegre: L&PM Pocket, 2009.

SILVA, Marília Trindade Barboza da. *Alvorada: um tributo a Carlos Moreira de Castro (Carlos Cachaça)*. Rio de Janeiro: Funarte, 1989.

_____; CACHAÇA, Carlos; OLIVEIRA FILHO, Arthur L. de, *Fala, Mangueira!*. Rio de Janeiro: José Olympio, 1980.

_____; OLIVEIRA FILHO, Arthur L. de. *Cartola: os tempos idos*. Rio de Janeiro: Funarte, 1983.

SÓFOCLES. "Ájax". Em: *Tragédia grega*. Rio de Janeiro: Zahar, 2009, v. 1.

SONTAG, Susan. "Vidas póstumas: o caso Machado de Assis". Em: *Questão de ênfase*. Trad. Rubens Figueiredo. São Paulo: Companhia das Letras, 2020.

SOUZA, Tárik de. *Tem mais samba: das raízes à eletrônica*. São Paulo: Editora 34, 2003.

_____. *Nelson Cavaquinho*. Rio de Janeiro: Mediafashion, 2010. Coleção Folha Raízes da Música Popular Brasileira, v. 11.

_____; ANDREATTO, Elifas. *Rostos e gostos da Música Popular Brasileira*. Porto Alegre: L&PM, 1979.

STAROBINSKY, Jean. *Montaigne em movimento*. Trad. Maria Lucia Machado. São Paulo: Companhia das Letras, 1992.

STENDHAL. *Do amor*. Trad. Roberto Leal Ferreira. São Paulo: Martins Fontes, 1999.

SUKMAN, Hugo. *Nara Leão: Nara – 1964*. Rio de Janeiro: Cobogó, 2022.

VIANNA, Hermano. *O mistério do samba*. Rio de Janeiro: Jorge Zahar; EdUFRJ, 1995.

VIANNA, Luiz Fernando. "Samba na veia". *Folha de S.Paulo*, 6 abr. 2007, Ilustrada, p. E1.

WISNIK, José Miguel. "Drummond e o mundo". Em: NOVAES, Adauto (org.). *Poetas que pensaram o mundo*. São Paulo: Companhia das Letras, 2005.

SOBRE A AUTORA

De longa carreira como cantora, Eliete Eça Negreiros é uma das fundadoras do movimento que ficou conhecido como vanguarda paulista, ao lado de nomes como Itamar Assumpção, Arrigo Barnabé e Ná Ozzetti. Formada em Filosofia pela Universidade de São Paulo (USP), tem publicadas sobre produção musical as adequações de sua dissertação de mestrado, *Ensaiando a canção: Paulinho da Viola e outros escritos* (Ateliê, 2011), e de sua tese de doutorado, *Paulinho da Viola e o elogio do amor* (Ateliê, 2016), além de *Amor à música: de Cartola, Paulinho da Viola, Cortázar, Nara Leão, Rogério Sganzerla...* (Edições Sesc São Paulo, 2022), coletânea de artigos publicados.

Fontes	Minion e Gopher
Papel	Capa: Supremo alta alvura 250 g/m²
	Miolo: Pólen natural 80 g/m²
Impressão	Maistype
Data	Fevereiro 2025